FRANCISCO JAVIER SÁNCHEZ SÁNCHEZ-CAÑETE
DOCTOR EN CIENCIAS BIOLÓGICAS.
COORDINADOR DE LA COMISIÓN DE EDUCACIÓN AMBIENTAL
DE ECOLOGISTAS EN ACCIÓN-BAENA.

ACTIVIDADES PRÁCTICAS PARA EDUCACIÓN AMBIENTAL EN EL SIGLO XXI

MATERIALES PARA LA COMISIÓN DE ECOLOGIA DE LA COMPAÑÍA DE JESÚS EN ESPAÑA

SECUNDARIA, BACHILLERATOS, MÓDULOS PROFESIONALES Y EDUCACIÓN DE ADULTOS

© Francisco Javier Sánchez Sánchez-Cañete
Fecha : 28-03-2025
Licencia: All rights reserved
Portada y dibujos del libro: *Francisco Javier Sánchez Sánchez-Cañete*

ISBN Libro en papel: 978-84-685-8777-6
ISBN eBook en PDF: 978-84-685-8778-3
Impreso en España
Editado por Bubok Publishing S.L

Índice

ACTIVIDADES PRÁCTICAS PARA EDUCACIÓN AMBIENTAL EN EL SIGLO XXI

MATERIALES PARA LA COMISIÓN DE ECOLOGIA DE LA COMPAÑÍA DE JESÚS EN ESPAÑA

FRANCISCO JAVIER SÁNCHEZ SÁNCHEZ-CAÑETE

Prólogo

El día 4 de julio de 1997 la cápsula Mars Pathfinder "amartizó" y el robot que llevaba en sus entrañas envió a la Tierra unas maravillosas fotos del planeta rojo. Parece ser, que hace unos tres mil millones de años (cuando en nuestro planeta emergía la vida en los mares arcaicos) tenía una gran cantidad de agua. Hoy, Marte, es un planeta muerto, sin agua y sin vida. Al menos, tal como nosotros la pensarnos.

Esa imagen desolada, terrosa, muerta, podría ser la imagen futura de nuestro propio planeta si no ponemos coto al proceso de rapiña y destrucción incontrolada de los recursos vivos que constituyen el planeta azul. Sin caer en falsos catastrofismos, es necesario reconocer que hay ya rasgos de un deterioro irreversible de muchos elementos de la Tierra. Es más: Son los países del llamado Tercer Mundo quienes cargan con las consecuencias más lesivas de nuestro modo de utilizar unos recursos que no son nuestros sino del planeta.

La calidad de vida y el derecho a disfrutar de un medio ambiente adecuado están consagrados por la Constitución española de 1978. Leemos en el artículo 45:

"1. Todos tienen el derecho a disfrutar de un medio ambiente adecuado para el desarrollo de la persona, así como, el deber de conservarlo.

2. Los poderes públicos velarán por la utilización racional de todos los recursos naturales, con el fin de proteger y mejorar la calidad de vida y defender y restaurar el medio ambiente, apoyándose en la indispensable solidaridad colectiva.

3. Para quienes violen lo dispuesto en el apartado anterior, en los términos que la Ley fije se establecerán sanciones personales o, en su caso, administrativas, así como la obligación de reparar el daño causado".

En el texto constitucional están presentes una serie de conceptos "ambientales" que será necesario ir definiendo: "medio ambiente", "recursos naturales", "calidad de vida", "conservar", "proteger y mejorar", "defender y restaurar", y lo que se ha llamado el delito ecológico. Pero las leyes son inútiles como elemento corrector de conductas insociales si no existe una conciencia ciudadana. De sobra lo sabemos por el tráfico: La legislación es inútil sin una pedagogía complementaria que produzca ciudadanos responsables.

La conciencia ambiental, eje y objetivo de la Educación Ambiental, es una conquista de los nuevos valores sociales. Es por los años 1960 cuando en los países occidentales aparece con mayor fuerza la sensibilidad respecto a las relaciones del hombre con la naturaleza. Dentro del mundo industrial aparece la preocupación de los gobiernos y las autoridades sanitarias por el deterioro ambiental debido al aumento de emisión de productos contaminantes y también por la generalización de los usos de la energía atómica. Entre algunos grupos alternativos de la sociedad de entonces (como los pacifistas, los hippys, etc.) está muy viva la actitud de rechazo hacia los modos de desarrollo occidental que destrozan el medio ambiente. Pero aún no existía una proliferación de nuevos movimientos sociales de tipo ecologista que opusieran una resistencia activa al modelo de desarrollo.

Pronto esta problemática ambiental, fundamentalmente ecológica, empieza a preocupar a capas amplias de la población (debido a las industrias contaminantes y al agotamiento de los recursos naturales). Con ellos, se alinean los ciudadanos sensibles al fenómeno del desarrollo desigual (manifestado por el progresivo deterioro del Tercer Mundo como víctimas de un determinado sistema de explotación).

Todas estas circunstancias movieron a las Naciones Unidas a promover una Conferencia Internacional sobre el **Medio Humano.** En 1971, el Secretario General para la Organización de la Conferencia, Maurice F. Strong, encarga a René Dubos la coordinación de un equipo de 152 hombres de ciencia, políticos, sociólogos, etc., de 58 países, para redactar un informe general que sirviera de base a la Conferencia Este informe se publica en 1972 bajo el titulo **"Una Sola Tierra". El cuidado y conservación de un pequeño planeta."**

La anunciada Conferencia sobre el Medio Humano se celebró en Estocolmo en 1972. Se aprobaron unos Principios que debían servir de guía a los países miembros de las Naciones Unidas. La preocupación internacional por los problemas del desarrollo (palabra entonces muy utilizada) y su incidencia en el medio ambiente iba creciendo. Prueba de ello es la gran cantidad de reuniones internacionales sobre estos temas y la creación del PNUMA (Programa de las Naciones Unidas para el Medio Ambiente).

En 1975 tiene lugar el Seminario Internacional de Belgrado sobre Tendencias de la Educación Ambiental, que sirvió de base a la famosa Conferencia Intergubernamental de Tbilisi (en la entonces República Popular de Georgia) sobre Educación Ambiental y cuyas conclusiones fueron revalidadas diez años más tarde (1987) por el Congreso Internacional de Moscú sobre Educación Ambiental (EA).

La Conferencia Intergubernamental de Tbilisi representó un hito muy importante en la historia de la EA: Por un lado, es el final de la primera fase del Programa Internacional de EA., iniciado en 1975 por la UNESCO en colaboración de PNUMA y según las directrices de la Carta de Belgrado. Por otro lado, es el punto de partida de un Programa Internacional de EA.

La Conferencia de Tbilisi contribuyó de modo decisivo a ajustar los conceptos, objetivos y fines de la EA. Optó por considerar la EA como un elemento esencial de la educación global y permanente. Los asistentes a la Conferencia aprobaron un total de 41 "recomendaciones" a los estados miembros relativas a Educación Ambiental.

¿Cómo define la propia Conferencia lo que es la EA?. El propio Director General de la UNESCO, en su discurso de apertura de la Conferencia de Tbilisi, expresa de esta manera lo que entiende por EA: *"La Educación Ambiental debería contribuir a adoptar, en lo que respecta tanto a los valores éticos y estéticos como a la economía , actitudes que lleven a las personas a imponerse una disciplina, ante todo para no menoscabar la calidad del medio ambiente, y también para participar activamente en las tareas colectivas destinadas a mejorarlo".*

La Conferencia de Tbilisi expresa muy claramente cuáles son las finalidades de este proceso educativo y que resume en el texto de la Recomendación 2ª. *"a) Ayudar a hacer comprender claramente la existencia y la importancia de la interdependencia económica, social, política y ecológica en las zonas urbanas y rurales; b) proporcionar a todas las personas la posibilidad de adquirir los conocimientos, el sentido de los valores, las actitudes, el interés activo y las aptitudes necesarios para proteger y mejorar el medio ambiente; c) Inculcar nuevas pautas de conducta en los individuos, los grupos sociales y la sociedad en su conjunto, respecto al medio ambiente".*

Desde esta perspectiva, se amplia el campo de la Educación Ambiental: Ésta no va encaminada sólo a la comprensión de los procesos, sino también a adoptar determinados comportamientos, adquirir unas aptitudes para resolver problemas ambientales y proporcionar la posibilidad de participar en organizaciones gubernamentales y no gubernamentales relacionadas con los problemas ambientales.

Las personas a las que va dirigido este libro tienen ya capacidad para incorporar en su mundo cognitivo y emocional los contenidos de la Educación Ambiental, para captar la globalidad e interdependencia de los procesos, así como, para captar niveles de interacción que son de gran interés para la Construcción del paradigma sistemático que subyace a la Educación Ambiental. Este libro, en manos de profesores y profesoras sensibles, puede ayudar en gran manera a incorporar, dentro del currículo correspondiente, los procedimientos y valores recomendados para el alumnado al que se destina.

Leandro Sequeiros
Catedrático de Paleontología.
Dr. En Ciencias Geológicas.
Profesor de Filosofía de la Naturaleza.

Presentación

Consideramos que la Educación Ambiental es una base fundamental para la educación de los niños y jóvenes, en aras a la consecución de actitudes, valores y concienciación que les sirvan para considerar el entorno como fuente de vida y aprendan a respetarlo y cuidarlo para su disfrute y el de las generaciones futuras.

Para facilitar el uso del presente libro se ha dividido en diversas secciones, compuestas por Unidades en las que se abordan muy diferentes temas: Mundo animal, mundo vegetal, suelo, agua, residuos. . .

Cada Unidad propuesta consta de una introducción, objetivos, actividades iniciales, material, metodología y, finalmente, unas actividades complementarias.

Las actividades iniciales pueden servir al profesor para detectar las ideas previas de sus alumnos sobre el contenido a trabajar.

Se presentan Unidades más complejas que otras, así como dentro de cada Unidad, se plantean unas actividades complementarias más complicadas y otras más sencillas para que el profesor seleccione las Unidades y actividades que estima más adecuadas.

Para la eficaz realización de las Unidades, sería conveniente que el profesor las enmarcase y orientase, con el objeto de ayudar a los alumnos a su mejor comprensión y aprovechamiento.

Las actividades están diseñadas para ser trabajadas, en primer lugar, en pequeños grupos y, posteriormente, en gran grupo, con el fin de obtener conclusiones finales. El profesor podrá introducir las Unidades, dentro de su programación, en el momento que estime más oportuno. Nuestra experiencia nos indica que son amenas, fáciles de realizar y creadoras de una concienciación medioambiental que lleva a la acción.

Esperamos que puedan ser de utilidad para todos aquellos que decidan ponerlas en práctica.

La Naturaleza, necesita que no dejemos para mañana lo que podamos hacer por Ella hoy.

El autor

Introducción

Consideramos que la Educación Ambiental (EA) no es una asignatura más que hay que introducir en los currícula, sino por el contrario una forma de enfocar la enseñanza. Se trata, por tanto, no de introducir nuevos contenidos además de los presentes en cada una de las áreas, sino de seleccionar y secuenciar esos contenidos bajo el prisma de la EA.

Para una buena EA es preciso tener en cuenta la concepción constructivista del proceso de enseñanza-aprendizaje:

-Partir de las ideas previas de los alumnos.

-Que los alumnos construyan sus propios conocimientos, por tanto, no debemos adoctrinarías.

-Tener presentes las capacidades psicoevolutivas de los alumnos con los que trabajamos.

-La selección y secuenciación de los contenidos debe ir siempre de lo sencillo a lo complicado, de lo cercano a lo lejano, de la concreción a la abstracción.

-Para lograr el objetivo fundamental de la EA: Conseguir la concienciación/acción de los alumnos, es necesario seguir una secuenciación: Proporcionar una cultura ambiental, es decir, construir unos conocimientos ambientales básicos cuyos contenidos se basaran en el entorno, de aquí se pasaría a la concienciación y con ella a la posterior acción.

En la Conferencia de Tbilisi   (1977) se asentaron los pilares fundamentales para un programa de EA:

"La Educación Ambiental se define como: Un elemento esencial de una educación global y permanente, orientada hacia la resolución de los problemas y que prepara para una participación activa, ha de contribuir a encauzar los sistemas de educación en el sentido de una mayor idoneidad, un mayor realismo y una mayor interpenetración con el medio natural y social, con miras a facilitar el bienestar de las comunidades humanas".

"Propósito fundamental de la Educación Ambiental es también mostrar con toda claridad las interdependencias económicas, políticas y ecológicas del mundo moderno, en el que las decisiones y comportamientos de los diversos países pueden tener consecuencias de alcance internacional".

Igualmente, en la declaración final de la Conferencia de Tbilisi se resume lo que entendemos por Educación Ambiental:

"La Educación Ambiental, debidamente entendida, debería constituir una educación permanente general que reaccionará a los cambios que se producen en un mundo en rápida evolución. Esa educación debería preparar al individuo mediante la comprensión de los principales problemas del mundo contemporáneo, proporcionándole conocimientos técnicos y las cualidades necesarias para desempeñar una función productiva con miras a mejorar la vida y proteger el medio ambiente, prestando la debida atención a los valores éticos".

A nuestro modo de ver, la práctica de la EA debe conllevar una visión crítica de las formas de desarrollo de nuestro mundo, fomentando en los alumnos una mentalidad de respeto a la realidad mediante la que se creen actitudes consecuentes con los análisis realizados.

Este libro no pretende sino contribuir a la consecución del objetivo fundamental de la EA: La concienciación/acción del alumnado.

Francisco Javier Sánchez

BÁSICO PARA LA EDUCACIÓN AMBIENTAL

PARA LLEVAR UNA VIDA MÁS ECOLÓGICA

INTRODUCCIÓN

Son muchos los problemas ecológicos: Efecto invernadero, agujero de ozono, lluvia ácida, polución atmosférica, cambio climático, contaminación de las aguas, etc.

Desgraciadamente, la familiaridad que tenemos con estos nombres no implica que conozcamos de forma rigurosa su naturaleza, su origen, las alternativas que nos permitan combatirlos.

Muchas veces, no acertamos a buscar un cambio de comportamiento individual para solucionar estos problemas, sino que esperamos soluciones de instancias superiores. Sin embargo, las personas de a pie podemos considerar estos problemas como accesibles a nuestra intervención, es decir, podemos actuar de forma individual y colectiva para solucionar estos problemas mencionados.

OBJETIVO

Con esta actividad pretendemos que conozcáis unos consejos para llevar una vida más ecológica con nosotros mismos y con nuestro entorno.

ACTIVIDADES INICIALES

1. ¿Por qué existen países ricos y países empobrecidos?
2. ¿Cuáles son los países que conforman el llamado Tercer Mundo?
3. ¿A quién beneficia reciclar nuestros desperdicios?
4. Indicad algunos productos que destruyan la capa de ozono.
5. Indicad el nombre de algunos medios de transporte limpios.
6. ¿Por qué son los ruidos perjudiciales para las personas?
7. ¿Quién resulta beneficiado del respeto hacia los animales y plantas?
8. Indicad el nombre de algunos productos químicos que contengan los alimentos
   y que pueden afectar a nuestra salud.

MATERIAL

-Cuaderno de notas.
-Cartulina.
-Libros de ecología y medio ambiente.

METODOLOGÍA

Leed atentamente y reflexionad sobre cada uno de los siguientes puntos:

1. No consumir sin límite. Los recursos del Planeta son limitados y además están

mal distribuidos (unos tienen mucho y otros muy poco).

2. Colaborar en el reciclaje de nuestros desperdicios es una forma de conservar
nuestro entorno.

3. No usar productos que contienen contaminantes para la capa de ozono,
   que nos protege de los rayos perjudiciales del sol, ni detergentes que
contaminen nuestras aguas.

4. Utilizando la bicicleta evitamos la contaminación atmosférica.

5. Utilizar los contenedores de pilas, papel y cartón, vidrio, etc., para su
posterior reciclaje.

6. Evitar la contaminación por ruidos.

7. Respetar a todos los seres vivos: Animales y plantas; llevan mas tiempo
   que nosotros en la tierra y son imprescindibles para el ciclo vital.

8. Evitar los alimentos con productos químicos que pueden afectar seriamente
   a nuestra salud, por eso es bueno leer las etiquetas de los productos
   de alimentación.

ACTIVIDADES COMPLEMENTARIAS

1. Realizad una campaña con consejos para llevar una vida más ecológica.

2. Investigad sobre los contenedores de pilas, papel y cartón, etc., de vuestra
zona.

3. Investigad sobre la capa de ozono y sus beneficios para las personas.

4. Investigad sobre los animales y plantas extinguidos en nuestro planeta.

5. Coged las etiquetas de algunos productos alimenticios que compráis y
estudiad los productos químicos que contienen y son perjudiciales
   para la salud.

8. Realizad un mural con todos aquellos productos contaminantes
   para las aguas, la atmósfera, el suelo y las personas. Mostrad el mural
   a vuestros compañeros/as.

COLABORA CON LA NATURALEZA

INTRODUCCIÓN

La relación de las personas con la Naturaleza se manifestó en un principio en la lucha de la supervivencia de la especie. Hoy la relación de las personas con la Naturaleza tiene una significación totalmente distinta. Las personas estamos ocasionando daños, en muchos casos irreparables, incluso en nuestras propias relaciones con el prójimo.

Existe, por tanto, una gran contradicción entre el ser humano y la Naturaleza. Nuestra capacidad de destrucción y nuestro modelo económico están amenazando la vida sobre la Tierra.

Creemos seguir siendo el eje principal sobre el que gira todo el Planeta. Por ello, las consecuencias están al alcance de nuestra vista.

Los ruidos que generamos rompen los ciclos vitales de los animales. Sacamos a los animales de sus hábitats naturales para poderlos observar en los zoológicos. Arrojamos nuestras basuras en las "casas" de los animales y las plantas. Dejamos los espacios naturales en peores condiciones que nos los encontramos.

Pero si nos detenemos a pensar un poco sobre nuestra actuación y sobre sus consecuencias, quizá podamos ir cambiando nuestros comportamientos.

OBJETIVO

Con esta actividad pretendemos que aprendáis diferentes formas de colaborar con la Naturaleza.

ACTIVIDADES INICIALES

1. ¿Por qué no es bueno hacer ruidos ni llevar ropas llamativas cuando vamos al campo? ¿Quién se beneficia y quién se perjudica con esto?
2. ¿Es positivo para la Naturaleza el coleccionismo por el coleccionismo? ¿Por qué?
3. ¿Quién se beneficia y quién se perjudica con los zoológicos? ¿Por qué?
4. ¿Pueden nuestras basuras perjudicar a los animales y a las plantas?¿Por qué?
5. Algunas personas cuando van al campo llevan una bolsa para retirar residuos. ¿Cómo valoráis esta forma de actuar?¿Quién se beneficia y quién se perjudica con esta actuación?

MATERIAL

-Cuaderno de notas.
-Bolsas ya usadas.
-Cartulina.
-Cámara fotográfica.

METODOLOGÍA

Leed atentamente y reflexionad sobre cada uno de los siguientes puntos:

1. Cuando vayas al campo no hagas ruidos ni lleves ropas llamativas,
   puedes asustar a los animales y romper sus ciclos de reproducción y cría.
2. No coger ejemplares vivos de la Naturaleza, es preferible tomar notas
   o hacer fotografías, además de respetar a los seres vivos, podéis haceros
buenos   científicos y tener una colección de fotografías sobre los seres vivos
en su hábitat   natural.
3. Los animales y plantas deben estar en su hábitat, que es donde mejor
   se desarrollan tras muchos años de evolución.
4. No arrojar basuras en los hábitats de los animales y plantas, es una manera
   de mantener limpia su casa.
5. Los espacios naturales deben quedar en el mismo o en mejor estado
   que los encontramos. Llevar una bolsa para retirar algunos residuos
   ayuda enormemente a mantener limpio el entorno.

ACTIVIDADES COMPLEMENTARIAS

1. Realizad una campaña con el lema "Colabora con la Naturaleza".
2. Realizad una salida al campo para recoger residuos.
   Depositadlos después en los contenedores correspondientes.
3.Visitad un zoológico y anotad vuestras impresiones sobre cómo viven los animales allí.
4. Enumerad algunas cosas que se podrían hacer para mantener limpios los
hábitats   de los animales.
5. Discutid las actividades 3 y 4. Sacad conclusiones.
6. Haced fotografías de los animales y plantas de vuestra zona, como alternativa
   al coleccionismo. Confeccionad con ellas un mural. Mostrad el mural
   a vuestros compañeros/as.

CÓMO SE PREPARA UNA EXCURSIÓN

INTRODUCCIÓN

Cuando salimos de excursión no debemos hacerlo alegremente, porque luego nos acordamos de cosas que se nos han olvidado y nos serían muy útiles.

OBJETIVO

Con esta actividad pretendemos que aprendáis a preparar una excursión.

ACTIVIDADES INICIALES

1. ¿Qué tendríais en cuenta al preparar una excursión?
2. ¿Es necesario el botiquín cuando se sale de excursión? ¿Por qué?
3. ¿Por qué es importante llevar sólo lo necesario cuando se sale de excursión?
4. ¿Qué entendéis por llevar calzado y ropa adecuados para salir de excursión?

MATERIAL

-Cámara fotográfica.
-Cuaderno de notas.
-Cartulinas.

METODOLOGÍA

Leed atentamente cada uno de los siguientes puntos, a tener en cuenta antes de salir de excursión:

1. Llevar calzado y ropa adecuados.
2. No olvidar una cantimplora para el agua.
3. Preparar el cuaderno de campo, los prismáticos, la lupa, unos lápices, la cámara fotográfica.
4. Llevar un pequeño botiquín con: Alcohol, agua oxigenada, tiritas, unas vendas, mercromina, pomada para las quemaduras, tijeras, etc.
5. Llevar unas bolsas grandes de basura para recoger todos los residuos que podamos generar.
6. Procurar no llevar nada más que lo necesario porque el peso de la mochila se hace notar cuando caminamos.
7. La ropa no debe ser llamativa y debemos hablar bajito para no asustar a los animales.

Cómo vestirse
-No vestíos con colores llamativos.
-Procurad evitar los olores fuertes y los ruidos.
-Escoged ropa amplia y resistente.
-Si el tiempo es inestable, llevaos algo para la lluvia.
-Abrigaos bien en invierno.
-Poneos el calzado adecuado para la zona que visitéis.

ACTIVIDADES COMPLEMENTARIAS

1. Realizad una "excursión ecológica" a vuestros alrededores.
   Discutid vuestra experiencia una vez realizada la misma.
2. Tomad fotografías de las actuaciones que realicéis en vuestra
   "excursión ecológica".
3. Haced un mural con las fotografías tomadas de vuestras actuaciones
   durante la "excursión ecológica". Mostrad el mural a vuestros compañeros/as.
4. Realizad un mural con todos los elementos necesarios para preparar
   una excursión. Mostrad el mural a vuestros compañeros/as.

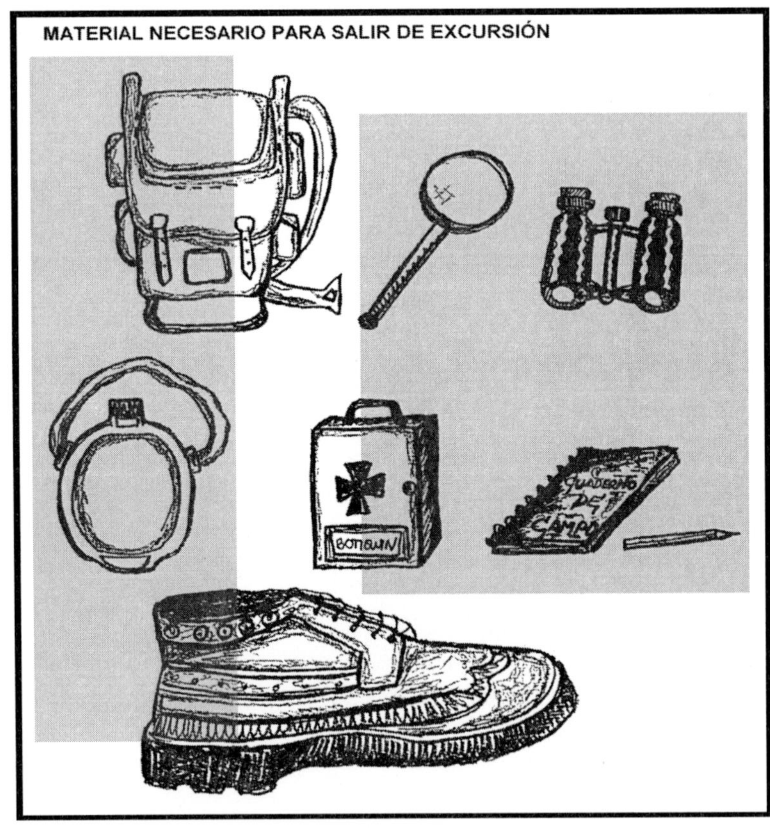

EL CUADERNO DE CAMPO

INTRODUCCIÓN

El cuaderno de campo permite al estudioso de las plantas y animales anotar todas sus observaciones. En el cuaderno de campo es conveniente realizar dibujos de la flora y fauna, así como, esquemas de la zona que pretendemos estudiar. De esta forma, a lo largo del tiempo se puede convertir en un cuaderno de consulta sobre la zona bajo estudio.

OBJETIVO

Con esta actividad pretendemos que aprendáis a utilizar un cuaderno de campo.

ACTIVIDADES INICIALES

1. ¿Por qué es importante el cuaderno de campo para un naturalista?
2. ¿Se debe prescindir del cuaderno de campo cuando salimos al medio natural? ¿Por qué?
3. ¿Cómo se deben hacer los dibujos de los animales y plantas en el cuaderno de campo? ¿Qué tipo de anotaciones tomaréis?
4. ¿Por qué se debe forrar adecuadamente el cuaderno de campo?
5. ¿Para qué puede servir un cuaderno de campo bien elaborado?
6. ¿Por qué es bueno anotar el lugar, fecha y hora de las observaciones en el cuaderno de campo?

MATERIAL

-Cuaderno de campo.
-Cartulina.

METODOLOGÍA

Leed atentamente cada uno de los siguientes puntos, a tener en cuenta respecto al cuaderno de campo:

1. Llevadlo en todas vuestras salidas al medio natural.
2. Encuadernadlo bien de tal forma que no se estropeen las hojas. Se debe procurar que las hojas se pasen con facilidad y que la pasta sea dura para poder realizar
   los dibujos y anotar las observaciones cómodamente.
3. Guardadlo en una bolsa impermeable mientras no se use.
4. Anotad el lugar, fecha y hora de vuestras observaciones.
5. Haced dibujos, esquemas y bocetos del hábitat, de los animales y las plantas que os interesen.
6. Los dibujos de las plantas se podrán hacer con mayor precisión

dada su inmovilidad. Los dibujos de los animales se harán con bocetos rápidos
que luego podrán completarse con la ayuda de guías.
7. Anotad, tanto de las plantas como de los animales, la mayor cantidad
   de datos posibles. De las plantas (color, tamaño, tipo de flores, número
   de pétalos, etc.), y de los animales (movimientos, rasgos, huellas, color, forma
   y tamaño del cuerpo, etc.).

ACTIVIDADES COMPLEMENTARIAS

1. Haced una salida al medio natural y tomad notas y dibujos en vuestro cuaderno
   de campo.
2. Realizad un mural con todos los aspectos que es necesario tener en cuenta
respecto al cuaderno de campo. Mostrad el mural a vuestros compañeros/as.

CÓMO SE TOMAN DATOS CIENTÍFICOS

INTRODUCCIÓN

Un buen científico debe saber tomar datos, analizarlos y sacar conclusiones de los mismos.

OBJETIVO

Con esta práctica pretendemos iniciaros en la labor del buen científico.

ACTIVIDADES INICIALES

1. ¿Qué aspectos debe tener en cuenta un buen científico?
2. ¿Cuáles son los pasos fundamentales que se emplean en el método científico?
3. ¿Qué papel juegan la observación y la toma de datos en el método científico?
   ¿Y el análisis de los datos obtenidos?
4. ¿De qué formas avanza la ciencia?
5. ¿Creéis que toda actividad científica es ética? ¿Por qué?

MATERIAL

-Cartulina.
-Cuaderno de campo.

METODOLOGÍA

1. Realizad una excursión a un paraje natural de vuestra ciudad y anotad en vuestro cuaderno de campo el nombre del lugar, la fecha, la hora, el estado del tiempo, la visibilidad, etc.
2. Realizad dibujos o fotografías de las plantas, insectos, anfibios, reptiles, aves y mamíferos que observéis.
3. Realizad, igualmente, dibujos o fotografías de los desechos alimenticios de los animales, de sus excrementos, de las huellas y de los restos de huesos, etc.

Es muy importante que en vuestro cuaderno de campo realicéis un esquema (en forma de plano sencillo) sobre la zona que visitéis (ver figura).

ACTIVIDADES COMPLEMENTARIAS

1. Realizad una excursión y haced un informe sobre la misma.
2. Analizad en grupo todos los datos, dibujos, esquemas y fotografías que habéis obtenido en vuestra excursión.
3. Construid las cadenas alimenticias (que os sean posibles) de la zona visitada.
4. Sacad conclusiones sobre vuestro análisis de datos obtenidos en la excursión.

5. Haced un mural con los datos, dibujos, esquemas y fotografías
   de vuestra excursión. Mostrad el mural a vuestros compañeros/as.
6. Investigad sobre los últimos descubrimientos científicos.
7. ¿Quién se beneficia de la Ciencia? ¿Se perjudica alguien?
8. Realizad una redacción con el título "Una vida sin Ciencia".

LOS PRISMÁTICOS PARA LA OBSERVACIÓN DE LA NATURALEZA

INTRODUCCIÓN

Los prismáticos son unos aparatos ópticos que nos permiten hacer una observación más exhaustiva y detallada de la fauna y flora naturales.

OBJETIVO

Con esta actividad pretendemos que aprendáis sobre las características y utilización de los prismáticos para la observación de la Naturaleza.

ACTIVIDADES INICIALES

1. ¿Por qué son importantes los prismáticos para la observación de la Naturaleza?
2. ¿Qué características debe reunir un buen prismático?
3. ¿Por qué es importante guardar adecuadamente los prismáticos mientras no se usan?
4. ¿Qué hay que tener en cuenta cuando se usan los prismáticos de día? ¿Y de noche?

MATERIAL

-Prismáticos.
-Cuaderno de notas.
-Cartulina.

METODOLOGÍA

Leed atentamente los siguientes puntos acerca de los prismáticos:
1. Presentan dos cifras grabadas en la montura (ej: 7x50) , la primera indica el número de aumentos y la segunda el diámetro de los objetivos.
2. Los aumentos x7, x8 y x9 son los que más se utilizan. Los objetivos conviene que sean lo más grandes posible, de esta forma, se podrán utilizar de noche ya que dejan pasar gran cantidad de luz.
3. Se llama abertura relativa al cociente entre el diámetro del objetivo y su longitud   focal. Cuando la luz es débil conviene que la abertura relativa sea alta ya que concentraría mayor cantidad de luz. Para la observación nocturna son muy apropiados unos prismáticos de 7x50 con una abertura relativa=3'75.
4. Para observar de cerca a los seres vivos son adecuados los prismáticos de 7x50, 8x30 y 9x40.
5. Para la visualización de plantas y animales en el campo son adecuados los de 7x50, 8x30, 9x40 y 10x50.
6. Es muy importante guardar bien los prismáticos en su estuche mientras no se

usen.

ACTIVIDADES COMPLEMENTARIAS

1. Haced una salida a vuestros alrededores y practicar el manejo adecuado de los prismáticos.
2. Haced un mural en el que se recoja todo aquello que es importante saber sobre los prismáticos. Mostrad el mural a vuestros compañeros/as.

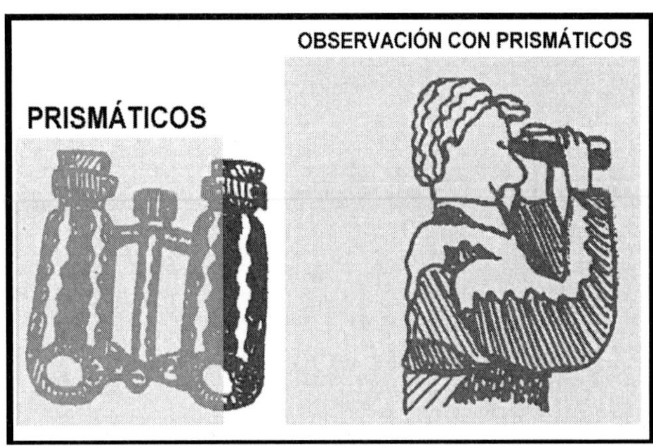

CÓMO SE HACEN UNAS CLAVES SENCILLAS PARA LA IDENTIFICACIÓN DE SERES VIVOS Y NO VIVOS

INTRODUCCIÓN

Las claves dicotómicas (dos opciones) nos permiten determinar de una forma sencilla tanto a los seres vivos, como a los no vivos, mediante la observación de sus características.

Cuando tenemos un grupo de seres podemos llegar a separarlos, mediante la aplicación de criterios, hasta quedarnos con cada uno individualmente. Un criterio, es aquello que empleamos para separar grupos y formar subgrupos, que iremos separando a su vez utilizando otros criterios.

OBJETIVO

Con esta actividad pretendemos que aprendáis a realizar claves dicotómicas sencillas para la identificación de seres vivos y no vivos.

ACTIVIDADES INICIALES

1. ¿Para qué sirven unas claves dicotómicas?
2. ¿Qué es más adecuado para identificar a los seres vivos: Utilizar claves dicotómicas o fotografías de los mismos?¿Por qué?
3. ¿Por qué es importante clasificar a los seres vivos?
4. ¿Quién fue el científico Linneo?
5. ¿Quiénes son los taxónomos?

MATERIAL

-Cuaderno de notas.
-Un grupo de seres vivos y no vivos.

METODOLOGÍA

Vamos a describir la metodología mediante un ejemplo:

Grupo de seres:

LÁPIZ, LIBRO, PERRO, GOLONDRINA, PERAL, TOMATE.

Aplicamos un criterio que los separe en dos grupos:
Criterio: "Ser vivo o ser no vivo".

SER VIVO:
PERRO, GOLONDRINA, PERAL, TOMATE
SER NO VIVO:
LIBRO, LÁPIZ

En el grupo de seres vivos aplicamos otro criterio que los separe en otros dos grupos:
Criterio: "Animal o planta".

ANIMAL:
PERRO, GOLONDRINA

PLANTA:
PERAL, TOMATE

En el grupo de animales aplicamos otro criterio que los separe en dos:
Criterio: "tiene pelo o no tiene pelo"

TIENE PELO:
PERRO

NO TIENE PELO:
GOLONDRINA

En el grupo de las plantas aplicamos un criterio que las separe en dos:
Criterio: "Tiene frutos de color rojo o no tiene frutos de color rojo"

TIENE FRUTOS DE COLOR ROJO:
TOMATE

NO TIENE FRUTOS DE COLOR ROJO:
PERAL

Hacemos igual con los seres no vivos. Elegimos un criterio que los separe en dos:
Criterio: "Tiene hojas o no tiene hojas".

TIENE HOJAS:
LIBRO

NO TIENE HOJAS:
LÁPIZ

Los pasos que hemos dado serían los siguientes:

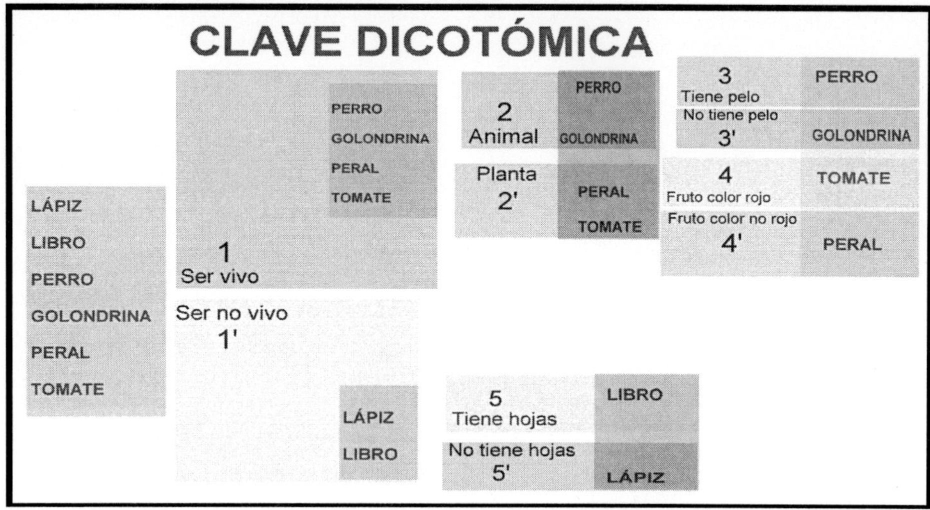

Ahora ponemos a cada criterio un número y su "prima" correspondiente:

CLAVE DICOTÓMICA SENCILLA

1.-Ser vivo..................................2
1'.-Ser no vivo............................   5
2.-Animal....................................   3
2'.-Planta....................................   4
3.-Tiene pelo.............................PERRO
3'.-No tiene pelo.......................GOLONDRINA
4.-Fruto color rojo.....................TOMATE
4'.-Fruto color no rojo.................PERAL
5.-Tiene hojas...........................LIBRO
5'.-No tiene hojas.......................LÁPIZ

-El criterio 1 nos manda al 2 (debemos leer las dos opciones 2 y 2')
-El criterio 1' nos manda al 5 (debemos leer las dos opciones 5 y 5')
-El criterio 2 nos manda al 3 (debemos leer las dos opciones 3 y 3')
-El criterio 2' nos manda al 4(debemos leer las dos opciones 4 y 4')

Una vez realizada la clave podemos comprobar que se cumple.

Es importante indicar que **para clasificar organismos vivos** se debe buscar
un criterio de clasificación. A lo largo de la historia, se han utilizado básicamente
dos sistemas de clasificación:
Hoy en día, los sistemas aceptados son los **naturales**, basados en el estudio de
órganos **homólogos**, frente a los sistemas **artificiales**, basados en el estudio

de órganos **análogos**.

Órganos homólogos: Son aquellos que tienen la misma o similar estructura interna, aunque no tengan la misma función.

Órganos análogos: Son aquellos que tienen estructura y origen diferente, aunque realizan una función semejante.

ACTIVIDADES COMPLEMENTARIAS

-Realizad una clave dicotómica para identificar los animales y las plantas de vuestra   zona. Conviene que empecéis a realizar las claves con pocos seres y aumentéis el   número de estos a medida que tengáis mayor manejo de la metodología.

Para hacer vuestras claves con seres vivos, os debéis basar en **órganos homólogos**.

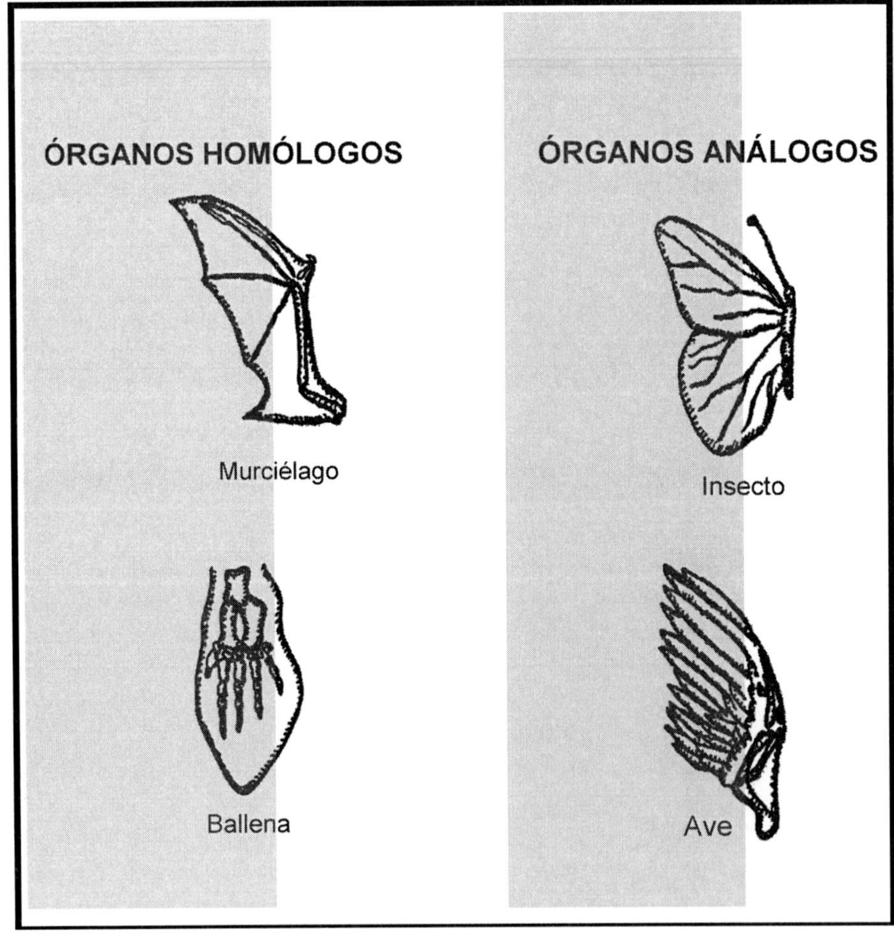

NORMAS SENCILLAS PARA LA VISITA
A LOS ESPACIOS NATURALES PROTEGIDOS

INTRODUCCIÓN

Los espacios protegidos son zonas destinadas a la observación, investigación y disfrute de la Naturaleza, pero siempre se debe cuidar el respeto al entorno. Es importante, antes de realizar una visita a un espacio natural, informarse sobre sus características, ya que estas (climatología, orografía y tipo de terreno, etc.) condicionarán el tipo de calzado y ropa más adecuados. Es aconsejable llevar utensilios que nos ayuden a sacar el máximo provecho de nuestra visita, como son: Unos prismáticos o telescopio, brújula, mapa topográfico de la zona, altímetro, guía de la zona protegida en la que se recojan los aspectos más importantes de su geología, fauna y flora.

OBJETIVO

Con esta actividad pretendemos que aprendáis unas normas sencillas para la visita a los espacios naturales protegidos.

ACTIVIDADES INICIALES

1. ¿Tenéis en cuenta algunas normas antes de visitar los espacios naturales protegidos? ¿Cuáles son?
2. ¿Por qué es necesario guardar unas normas durante la visita a los espacios naturales protegidos?
3. ¿Quiénes se benefician cuando se guardan unas normas adecuadas en la visita a espacios naturales protegidos?
4. ¿Por qué se debe evitar hacer ruidos y la circulación de vehículos en la visita a espacios naturales protegidos?
5. ¿Habéis realizado alguna visita a espacios naturales protegidos?¿Guardan las personas algunas normas?¿Cuáles?
6. ¿Creéis que se respetan adecuadamente los espacios naturales protegidos? ¿Por qué?

MATERIAL

-Cuaderno de notas.
-Cartulina.

METODOLOGÍA

Leed atentamente y reflexionad sobre cada una de las siguientes normas a tener en cuenta durante la visita a un espacio natural protegido:

1. Utilizar las sendas marcadas o los itinerarios aconsejados.
2. Ir en grupos pequeños.
3. Evitar la degradación del espacio natural protegido (no recolectar rocas, arrancar plantas o capturar animales).
4. Evitar la circulación de vehículos.
5. Evitar cualquier ruido.
6. Extremar las precauciones para evitar el peligro de incendios.
7. Cuidar la limpieza del espacio natural protegido.
8. Usar las papeleras que están colocadas, para ello, en el espacio natural.

El respeto de estas normas es la mejor forma de proteger nuestros espacios naturales.

ACTIVIDADES COMPLEMENTARIAS

1. Analizad cada una de las normas que os hemos expuesto anteriormente,
   a tener en cuenta durante la visita a un espacio natural protegido.
   Discutid por qué es necesario respetarlas. ¿Que ocurriría si no se respetasen?
2. Haced una puesta en común y sacad conclusiones.
3. Haced un mural con vuestras conclusiones sobre el análisis de las normas antes   indicadas. Mostrad el mural a vuestros compañeros/as. En el mural podéis   incluir las normas y debajo de cada una de ellas una explicación de por qué
   se deben respetar.

MUNDO ANIMAL

UN ACUARIO DE AGUA DULCE

INTRODUCCIÓN

El acuario de agua dulce nos permite trasladar un ecosistema natural como el de una charca, lago o laguna a nuestro laboratorio.

OBJETIVO

Con esta actividad pretendemos que aprendáis a construir un acuario y observéis la vida de los animales y las plantas de agua dulce.

ACTIVIDADES INICIALES

1. ¿Qué es un acuario?¿ Para qué sirve?
2. ¿Qué animales acuáticos pueden vivir en un acuario de agua dulce?
3. ¿Qué tipo de plantas se deben introducir en un acuario de agua dulce? ¿Cuál es su función?
4. Inventad un método para hacer un acuario de agua dulce.
5. ¿Qué condiciones deben reunir las rocas que se introducen en los acuario de agua   dulce?¿Cuál es su función?
6. ¿Qué opináis sobre las piscifactorías?¿A quién benefician? ¿Perjudican a alguien?¿Por qué?
7. ¿De qué manera afecta la contaminación de los ríos a las plantas y animales que viven en ellos?
8. Indicad el nombre y las características de algunos de los productos que contaminan los ríos?¿Qué tipo de contaminación producen? ¿A quién perjudica esta contaminación?
9. ¿Cómo respiran y se reproducen los animales de agua dulce?
10. ¿Cómo se deben cuidar los animales y plantas de un acuario de agua dulce?
11. Discutid las actividades 6, 7 y 8. Sacad conclusiones.

MATERIAL

-Depósito de cristal.
-Rocas.
-Plantas acuáticas.
-Agua del grifo, charca, lago o laguna.
-Un tubo de goma.
-Un recipiente con mucho fondo.
-Lupa binocular.
-Cuaderno de notas.
-Cartulina.
-Colador grande.

METODOLOGÍA

1. Coged un deposito de cristal (ver figura) y limpiadlo muy bien.
2. Echad arena muy limpia en el fondo del depósito (3 cm de espesor). Para limpiar
  la arena se puede utilizar un colador grande sobre el que se pone la arena
  y se vierte agua del grifo sobre ella sin dejar de moverla hasta que el agua
  que sale sea muy clara.
3. Colocad sobre la arena unas rocas, que deben reunir las siguientes características:
  -Que no tengan grietas para evitar que penetre en ellas la suciedad.
  -Que no se disuelvan en agua.
  -La arenisca y el granito son muy apropiadas.
  -Que no sean rocas calizas, las cuales se disuelven en agua y podrían perjudicar a los animales y plantas del acuario.
  -Las rocas se deben hervir y regar cuidadosamente antes de colocarlas.
4. Colocad las plantas utilizando como base la arena y las rocas
  instaladas anteriormente.
  Respecto a las plantas se aconseja:
  -Plantas que proporcionen, al realizar la fotosíntesis, mucho oxígeno,
  el cual es imprescindible para la respiración de los animales del acuario: Ceratófilo, Elodea, Mileurama acuática.
  -Plantas que absorban animales microscópicos, que al morir atrapados
  y descomponerse, pueden servir de alimento a otras plantas: Sagitaria (especies pequeñas), el frunco acicular.
  -Plantas que no tengan una reproducción muy rápida porque cubrirían el acuario
  y no dejarían pasar la luz, que es imprescindible para la realización
  de la fotosíntesis (no utilizar las lentejas de agua).
  -Si se utilizan plantas recogidas en medios naturales, se deben lavar previamente para quitar microorganismos adheridos que pueden ser perjudiciales para la vida
  del acuario.
5. Antes de introducir a los animales os debéis asegurar de que las plantas están bien agarradas al sustrato para que no las arranquen los animales al moverse.
6. Verted agua del grifo o de una charca o laguna (previamente filtrada).
7. Introducid los animales. Respecto a los animales se aconseja:
  -Pueden introducirse animales de charcas, lagos o lagunas, pero no se deben introducir insectos carnívoros porque acabarían con los otros animales
  del acuario.
  -Introducir caracoles del tipo Planorbis ya que son comedores de algas
  y mantendrán las paredes del acuario siempre limpias interiormente.
  -Introducir larvas de mosquitos y pulgas de agua que son muy apetecibles
  para los peces pequeños.
8. Para extraer la suciedad del acuario se puede utilizar una jeringa o una goma
  que se moverá por los lugares más sucios y, de este modo, limpiarlos (sifón) ;
  el líquido que extrae el sifón lo recogeremos en un recipiente con mucho fondo, con el objeto de que pueda recoger bastante cantidad de agua.
9. Colocad el acuario en un lugar donde reciba luz (para la fotosíntesis de las plantas) y la temperatura no sea elevada, porque podría ocasionar la muerte

de algunos animales.

ACTIVIDADES COMPLEMENTARIAS

1. Preparad un acuario de agua dulce, tal como se indica en la metodología y observad los animales que se pueden ver a simple vista. Anotad vuestras observaciones en el cuaderno.
2. Realizad un dibujo de las plantas del acuario.
3. Recoged una pequeña cantidad de agua del acuario y ponedla en un recipiente con poco fondo; observad el agua con una lupa binocular y tomad nota de vuestras observaciones. Realizad dibujos de los seres vivos que observéis.
4. Realizad un mural con vuestras observaciones (incluid dibujos). Mostrad el mural a vuestros compañeros/as.
5. Visitad un acuario y anotad todas vuestras observaciones.
6. Haced un mural con todos los cuidados necesarios para los animales y plantas de un acuario de agua dulce. Mostrad el mural a vuestros compañeros/as.
7. Haced un mural con los pasos necesarios para hacer un acuario de agua dulce (incluid un dibujo de cómo quedaría el acuario). Mostrad el mural a vuestros compañeros/as.

CONSTRUCCIÓN Y COLOCACIÓN DE NIDOS Y COMEDEROS ARTIFICIALES PARA AVES

INTRODUCCIÓN

Se pueden construir, de formas muy sencillas, nidos y comederos que sirven para el cobijo y alimentación de aves, utilizando elementos naturales (troncos, frutos, . . .) o materiales no retornables (botellas de plástico, tapaderas de botes grandes, . . .), así como, nidos fabricados a proposito utilizando materiales diversos.

OBJETIVO

Con esta actividad pretendemos que aprendáis a realizar la construcción y colocación de nidos y comederos artificiales para aves.

ACTIVIDADES INICIALES

1. ¿Para qué sirven los nidos y comederos para aves?
2. ¿Cómo construiríais nidos y comederos para aves?
3. ¿Qué tipos de alimentos comen las aves?
4. ¿Cómo son los nidos y comederos naturales de las aves?
5. ¿Por qué se deben cuidar las aves?
6. ¿Por qué se permite la caza de aves, si las aves nos pertenecen a todos/as?
7. ¿Sabéis en qué consiste la "caza fotográfica"?
   ¿Quién se beneficia y quién se perjudica con la caza fotográfica?

MATERIAL

-Una sierra.
-Un martillo.
-Una lima para madera.
-Una taladradora manual o eléctrica con brocas para madera.
-Un lápiz.
-Una regla de 40 cm.
-Un pincel plano.
-Una mesa estable.
-Cuaderno de notas.
-Cartulina.
-Cámara fotográfica.
-Tijeras normales y para cortar chapa.
-Madera.
-Troncos.
-Botellas y botes de plástico.
-Cuerda fina y fuerte.
-Cáscara de coco.

METODOLOGÍA

Fabricación y emplazamiento de nidales

Cuando se fabrican nidos artificiales con la intención de colocarlos en lugares
determinados, es importante tener en cuenta lo siguiente:
-Que estén bien colgados y a una altura que no alcancen otros animales y puedan
deteriorarlos.
-Se deben utilizar cuerdas para colgar los nidos y no clavos que dañarían
 los árboles.
-Evitar que los nidos tengan entradas de agua.
-Colocarlos de tal forma que les afecten lo mínimo los vientos.
-Realizar una limpieza anual del nido, una vez que el ave que lo utilizó
 lo ha abandonado.

Cómo construir nidales de contrachapado

El contrachapado de 0.5 a 1 cm de grueso es idóneo para construir nidales de
pequeño tamaño. Cortando un cuadrado de 1 m de lado en cuatro tiras de 15 cm
y 2 tiras de 20 cm (figura 1) se pueden construir con cierta facilidad un nidal de
balcón, uno para trepatroncos, dos nidales del tipo <<buzón de correos>> y dos
nidales semiabiertos.
Para trabajar un contrachapado de 1 cm de grueso es preciso
(ver figuras **2 a** y **2 b**):
-Clavos de 10 mm
-Grampillones
-Cáncamos
-Secciones de traviesas de abeto de 30-40 cm de largo
-Pintura de color neutro o un producto para el tratamiento de la madera
 (aceite nutritivo).
Las siguientes dimensiones corresponden a un contrachapado de 0.5 cm
de grosor.

Nidal tipo <<Buzón de correos>> (figura 3)

En primer lugar es necesario trasladar el plano del nidal a una tira de 15 cm
(figura 4). El techo debe dibujarse sobre una segunda tira de igual anchura.
Primero hay que cortar las piezas y, posteriormente, un trozo de hojalata de
unos 30 cm.
Se debe perforar la boca de vuelo con el taladro y terminarla con la lima.
El diámetro de la boca de vuelo se debe adaptar a las especies para las que se
fabrica el nidal:
-2.8 cm: Herrerillo común, paro palustre, paro capuchino, papamoscas
cerrojillo, paro garrapinos.
-3.2 cm: Gorrión molinero, colirrojo real, carbonero común.
-4 cm: Gorrión común, torcecuello, estornino y trepador.
A continuación, se fijan al frontal los dos laterales y después la base (figura 5).
Sobre el dorso se clava la hojalata y después el dorso a la base y laterales. Se
debe clavar, de forma provisional, en principio, el ajuste del techo (figura 6). Es
importante asegurarse de su buena adaptación al nidal, antes de terminar de

clavarlo. Si no es así, es preciso desmontarlo y realizar un ajuste a base de lima. En cada extremo de la hojalata se clava un grampillón.

No se debe olvidar la colocación de un cáncamo contra el grueso del techo, a uno y otro lado y a media altura, así como, dos más en los laterales, enfrente de los primeros. Para cerrar el techo se pasarán un par de trocitos de alambre por los cáncamos (figura 7).

Nidal semiabierto (figura 8)

Este tipo de nidal es utilizado para especies como el colirrojo tizón, el chochín, el petirrojo, el papamoscas gris, la lavandera, etc.

Debe trasladarse el plano a una tira de contrachapado de 15 x 80 cm (figura 9). Una vez cortadas las piezas de madera hay que cortar una de hojalata de 30 cm. La hojalata debe fijarse en el dorso y dos grampillones en la hojalata. En primer lugar se clavan los laterales en el dorso y, posteriormente, el fondo, el frontal y el techo (figura 10).

Nidal de balcón (figura 11)

Su empleo es similar al nidal tipo buzón de correos, pero es muy aconsejable para aquellos lugares donde es frecuente la presencia de gatos errantes.

Es preciso trasladar el plano del nidal a una tira de 100 x 20 cm y a otra más de 60 x 20 cm (figura 12).

Se cortan las piezas y una placa de hojalata de 30 cm, teniendo cuidado de quitar las rebabas que resten. Hay que prestar mucha atención al diámetro correcto al taladrar la boca de vuelo (pieza A).

En primer lugar se fija al dorso uno de los laterales, posteriormente, el fondo y el otro lateral. Debe clavarse la pieza B antes que las piezas C y A (figura 13). Es importante colocar la hojalata hundiendo los clavos del dorso contra la hojalata. Deben colocarse dos grampillones. La colocación del techo es idéntica a la de un nidal tipo buzón de correos.

Nidal para el agateador (figura 14)

Se traslada el plano del nidal a una tira de 40 x 20 cm (figura 15) y se marcan los dos laterales (figura 16). La boca de vuelo se dibuja, en uno de los lados, en forma de un rectángulo de dimensiones 7 x 2.5 cm.

A continuación, cuidando de quitar las rebabas, se procede a cortar las piezas más la placa de hojalata de 30 cm.

Posteriormente, se clavan los laterales al frontal, la placa de hojalata al dorso y éste a los laterales (figura 17).Hay que colocar dos grampillones sobre la hojalata.

Para el ajuste y clavado del techo, se ponen cuatro cáncamos que aseguren un perfecto cierre.

Acabado y agenda de puesta de los nidales

Se debe tratar o pintar tan sólo el exterior del nidal y dejar que se seque resguardado a lo largo de unos días. Igualmente, el fondo se cubrirá con 1 cm de turba o serrín.

Los nidales serán colocados en otoño (como muy tarde en febrero), menos los reservados para anidadoras tardías (colirrojo real), que se colocarán a mediados del mes de abril.

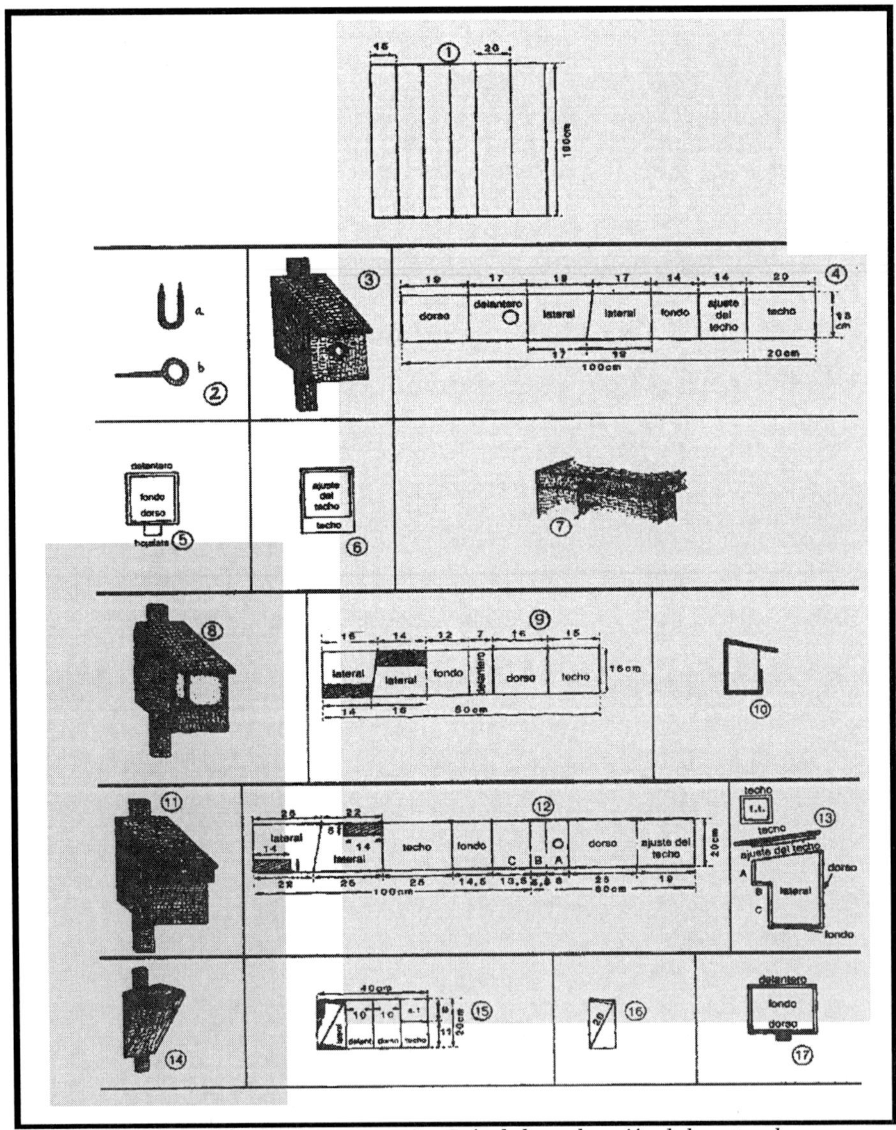

Adaptado de Sylvayn Thomassin, 1995, p.185. Guía de la exploración de la naturaleza.

44

Mantenimiento e instalación

Los nidales deben colocarse:
-De 2 a 5 m de altura, contra un tronco o rama gruesa.
-Lo más alejados posible del alcance de los gatos.
-Contra una pared.
-Bajo el alero de un tejado.
-En la viga de un granero.
-Hasta 10 m de altura o más, en caso de nidales con boca de vuelo de diámetro grande.
También se debe:
-Evitar la posibilidad de caídas.
-Amarrarse bien, si es necesario.
-Evitar los emplazamientos a pleno sol o demasiado umbríos.
-Orientar al sureste la boca de vuelo.
-Situar los nidales casi verticalmente, con la boca de vuelo ligeramente inclinada (emplear alambre o cuerda sintética). Por cada uno de los cáncamos de la hojalata   se pasa un cabo y se fija bien el nidal al soporte (figura 18).
-Limpiar los nidales en otoño (retirar materiales de cualquier tipo del interior).
-Comprobar el buen estado de los amarres y del tratamiento de protección.
-Suspender en primavera unos pequeños sacos de red que contengan musgo natural   seco, briznas de lana o plumón de oca para que los utilicen los pájaros (figura 19).

Nidal-caja

Es una caja de madera acondicionada someramente o fabricada de forma especial con una plancha de 2 cm de grueso o con un contrachapado de 1 cm (figura 20). Con una capa de serrín se cubre el fondo. Encajada en una horquilla alta o clavada a las vigas, acoge muy bien a aves como el halcón común, chovas o lechuza común, así como, a mamíferos como la garduña, el gato montés o una colonia de murciélagos.

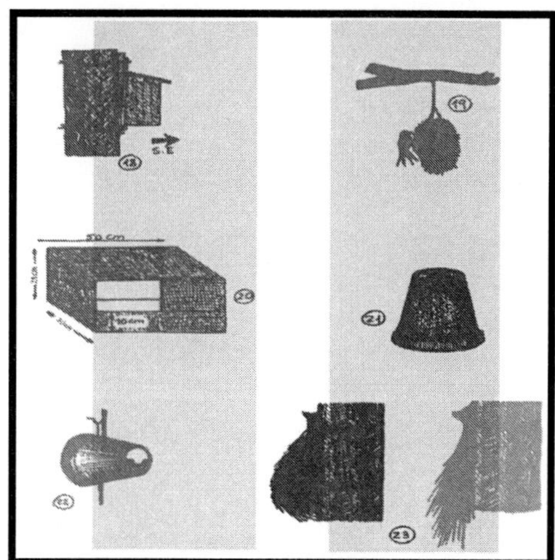

Adaptado de Sylvayn Thomassin, 1995, p.187.
Guía de la exploración de la naturaleza.

Nidal-maceta

Se construye con una maceta de terracota cuya boca tenga entre 15-20 cm de diámetro. Utilizando un martillo y un clavo largo se va agrandando el agujero de drenaje hasta conseguir unos 3 cm de diámetro. Si en este proceso se produce la ruptura de la mitad del fondo de la maceta (figura 21), quedará en perfectas condiciones para ser usado por el petirrojo o el colirrojo tizón. Posteriormente, la maceta se rodea con un alambre terminado en bucle. Finalmente, se colgará en un gancho previamente fijado a una viga o a un muro (figura 22).

Nidal de ramajes

Para ello, se confecciona una especie de caja a base de ramajes exentos de espinas de 40 a 60 cm de largo y entre 15 y 20 cm de diámetro.
Puede fijarse contra el tronco de un árbol con un bramante de algodón o sisal, teniendo cuidado de disponer de un nicho interior considerablemente alto, con una abertura más pequeña destinada a los estorninos, agateadores y páridos (figura 23).

Alimentación de las aves

Las aves comen gran diversidad de alimentos. A continuación, indicamos algunos de ellos:
-Migas de pan.
-Semillas de girasol.
-Pienso para gallinas.
-Tocino.
-Grasa.
-Nueces rayadas.
-Fresas.
-Moras.
-Granos de maíz triturados.

<table>
<tr><td align="center">La alimentación invernal</td></tr>
<tr><td>

-Puede empezar desde los primeros hielos.

-Se prolonga hasta los primeros días cálidos de primavera.

-Es útil, principalmente, en la segunda mitad del invierno.

cuando comienzan a desaparecer los últimos frutos.

</td></tr>
</table>

Los comederos

-El comedero de la figura 1, puede contener gran cantidad de granos (para varios días).
-Debe limpiarse el plato con cierta frecuencia.
-Es suficiente con un rectángulo de contrachapado de 20 x 30 cm, con un reborde de 2 cm como máximo, colocado al abrigo de la intemperie (figura 2). En caso de ser necesario, se le puede incorporar un fondo, un techo y uno o dos laterales. Con el objeto de hacer más fáciles las observaciones, pueden construirse de cristal el fondo o uno de los laterales.
-Es aconsejable limitar el acceso al platillo o al propio comedero, mediante una caja con orificios de 3.5 cm de diámetro, cuando se produce gran competencia entre especies grandes y pequeñas (figura 3).

Consejos para la instalación de comederos

-Los comederos deben ser instalados, siempre que sea posible, cerca de un arbusto tupido o un zarzal.
-Se pueden colgar:
. En una rama (figura 4)
. Fijados al extremo de un poste o palo (figura 5)
. En el alféizar de una ventana
. Contra una pared

Alimentos

Minerales:
-Picadura fina de cáscara de huevo.
-Arena.
Granos:
-Arroz.
-Mijo.
-Girasol.
-Cebada.
-Avena triturada.
-Granos silvestres recogidos en primavera.
-Bayas de saúco secas al horno a temperatura muy baja (unos 40 º C).
Restos de comida:
-Patatas y arroz hervidos.
-Cortezas de tocino.
-Carne cruda picada.
-Cortezas de queso.
-Pasteles duros.
-Copos de avena.
-Alimentos para gatos y perros.

Los preparados engrasados

-Las aves hibernantes aprecian mucho las grasas. Además, las grasas, se pueden utilizar para envolver otros alimentos.

-En la carnicería puede conseguirse sebo de caballo, buey o cordero junto con restos de carne. El sebo se funde en una cacerola gruesa, al tiempo que se prepara un fino picadillo con la carne. Los granos, la carne y otros alimentos   (avellanas, nueces, restos de comida, etc.) se mezclan entre sí. Finalmente, este preparado se amalgama con el sebo fundido y se vierte de inmediato en los recipientes-comedera (tiestos preparados, media cáscara de coco, como se muestra en la figura 6). Deben añadirse a la preparación unas ramitas de abeto que servirán para remover hasta obtener una masa resistente, compacta y fácil de fijar a la ramita (figura 7).

Bandejas para frutas (figura 8)

-En una plancha de madera se colocan dos clavos de 3 a 5 cm.

-Esta plancha se sujeta, mediante un alambre, a una rama o se coloca contra una pared.

-En la plancha se pueden colocar:

. Una manzana cortada en dos (alimento muy apreciado por los mirlos que aparecerán de inmediato).

. Por medio de un clavo, se pueden fijar cáscaras de nuez, flores de girasol, así como, pequeños trozos de carne de coco o de grasa animal.

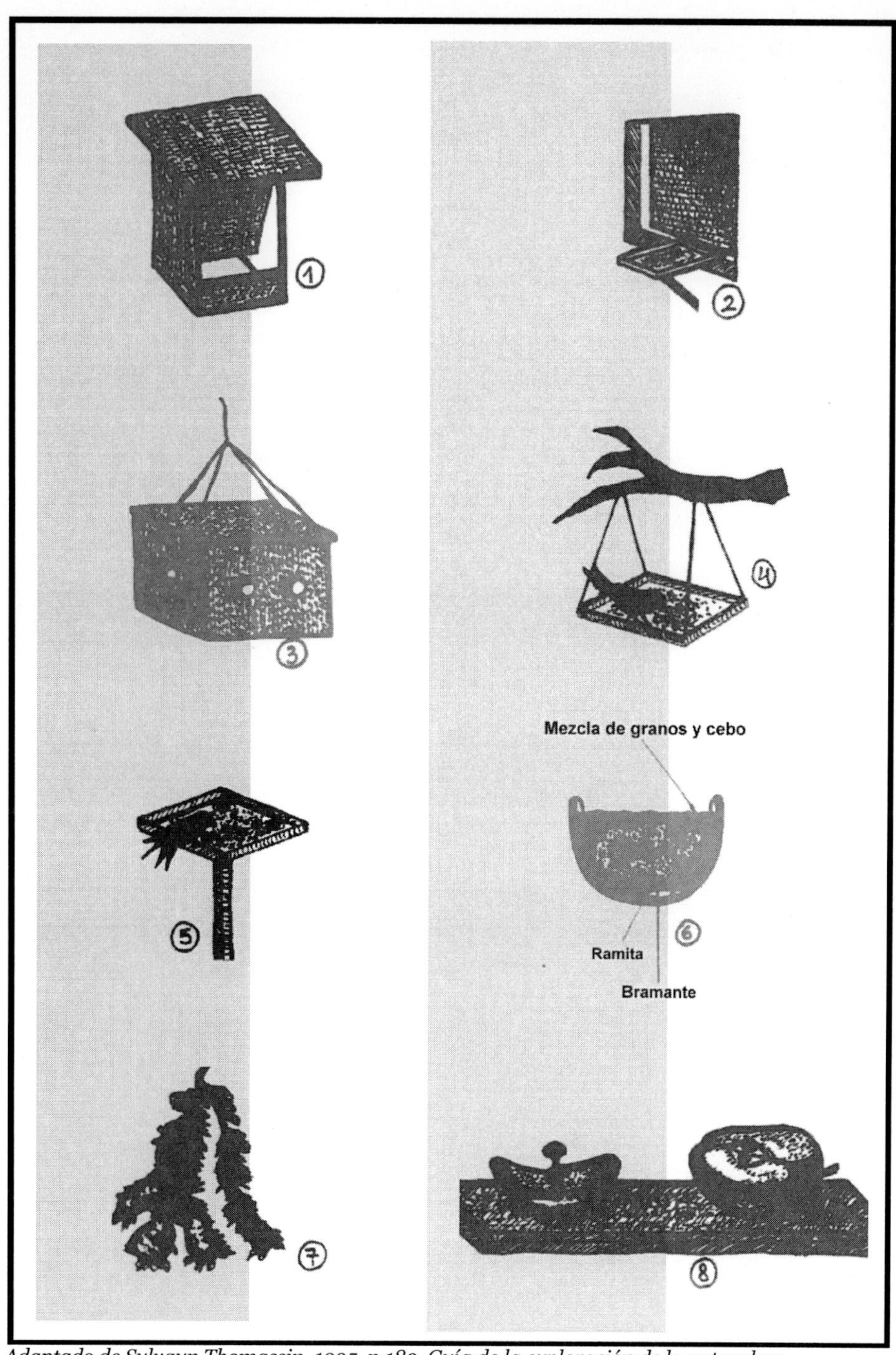

Adaptado de Sylvayn Thomassin, 1995, p.189. Guía de la exploración de la naturaleza.

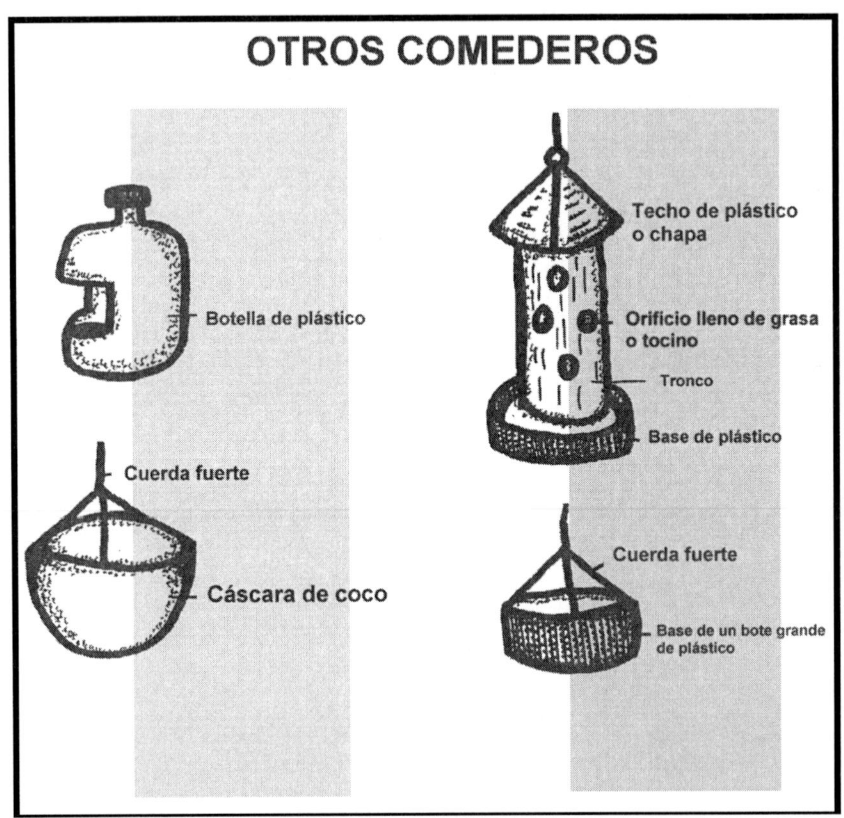

ACTIVIDADES COMPLEMENTARIAS

1. Construid algunos nidos y comederos (basándoos en los que aparecen
   en las figuras) y colocadlos en lugares adecuados de vuestro colegio o ciudad.
2. Observad a diferentes horas del día (mañana, mediodía y tarde) vuestros nidos
   y comederos y anotad vuestras observaciones.
3. Realizad fotografías de los nidos y comederos que habéis construido,
   así como, de las aves que acuden a ellos.
4. Realizad un mural con vuestras observaciones y las fotografías
   que habéis realizado. Mostrad el mural a vuestros compañeros/as.
5. Dibujad o fotografiad los nidos y comederos naturales de algunas aves
   de vuestra zona.
6. Haced un mural con todo lo necesario para construir nidos y comederos
   de aves (incluid dibujos). Mostrad el mural a vuestros compañeros/as.

CÓMO SE REALIZA LA GRABACIÓN DE LOS SONIDOS QUE EMITEN LOS ANIMALES

INTRODUCCIÓN

Los animales emiten sonidos muy diversos que nos permiten diferenciarlos a unos de otros. Dentro de una misma especie animal, los sonidos varían dependiendo de la actividad que el animal realiza.

OBJETIVO

Con esta actividad pretendemos que aprendáis a grabar y diferenciar los sonidos que emiten algunos animales.

ACTIVIDADES INICIALES

1. ¿Sabríais diferenciar unos animales de otros por los sonidos que emiten?
2. ¿Existe alguna relación entre el sonido que emite un animal y la actividad que realiza en ese momento?
3. Inventad un método para grabar los sonidos que emiten los animales.
4. ¿Por qué es importante camuflarse cuando se van a grabar sonidos de animales?
5. ¿Es conveniente llevar ropas poco llamativas cuando se van a grabar sonidos de animales?¿ Por qué?
6. ¿Cualquier momento es conveniente para grabar sonidos de animales?
7. ¿Se podría decir que los individuos de la misma especie se comunican muy bien entre ellos porque "hablan el mismo idioma"?¿Qué quiere decir esto?

MATERIAL

-Magnetófono.
-Micrófono de baja impedancia.
-Cuaderno de notas.
-Cámara de video.
-Cartulina.

METODOLOGÍA

Leed atentamente cada uno de los siguientes puntos, a tener en cuenta cuando se va a realizar la grabación de los sonidos que emiten los animales:

1. Se puede utilizar cualquier tipo de magnetófono, pero es mucho mejor uno

que nos permita controlar la intensidad del sonido que pretendemos grabar.
(Se pueden utilizar cámaras de video que nos permitan, además, grabar
la imagen).
2. Es conveniente utilizar unos auriculares que nos permitan controlar los sonidos
que son recogidos por el micrófono.
3. Si queremos aumentar la calidad de la grabación es conveniente un micrófono
de baja impedancia con un cable largo que permita que el observador
y su magnetófono se puedan alejar del micrófono y permanecer
así más camuflados.
4. Para evitar que el sonido del viento pueda entorpecer la grabación,
se puede cubrir el micrófono con una cofia de tejido poco tupido.
5. Permanecer lo más inmóvil posible, en silencio y llevar ropas poco llamativas
para no asustar a los animales.
6. Es conveniente añadir un comentario después de cada grabación
para saber diferenciar las partes de la cinta que hemos grabado.
(En el comentario incluiremos: Fecha, lugar de grabación, meteorología,
nombre del animal -si se sabe-, hábitat, etc.).

ACTIVIDADES COMPLEMENTARIAS

1. Realizad la grabación del sonido que emite un animal durante diferentes
horas del día. Anotad, si es posible, los movimientos y/o actividad
que realiza en ese momento. Comprobad si la actividad está relacionada
con el tipo de sonido que emite.
2. Comparad las grabaciones de sonidos de diferentes animales e intentad
diferenciarlos por el sonido que emiten.
3. Realizad una grabación, con una cámara de video, de los sonidos que emiten
algunos animales y sus imágenes en el justo momento que emiten
los sonidos. Proyectad la grabación a vuestros compañeros/as, al tiempo
que hacéis un comentario de la misma.
4. Haced un mural con todo aquello que se debe tener en cuenta para realizar
la grabación de los sonidos que emiten los animales. Mostrad el mural
a vuestros compañeros/as.

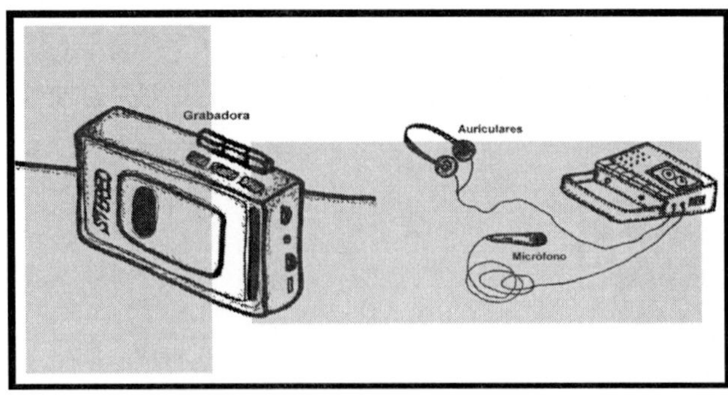

VIVERO PARA REPTILES Y PEQUEÑOS MAMÍFEROS

INTRODUCCIÓN

Los viveros nos permiten estudiar el comportamiento de algunos animales, como los reptiles y pequeños mamíferos, en el laboratorio.

OBJETIVO

Con esta actividad pretendemos que aprendáis a construir un vivero para reptiles y pequeños mamíferos y observéis el comportamiento de estos animales.

ACTIVIDADES INICIALES

1. ¿Qué es un vivero?¿Para qué sirve?
2. ¿Cómo construiríais un vivero para reptiles y pequeños mamíferos?
3. ¿Conocéis algunos reptiles y pequeños mamíferos protegidos?
4. ¿Qué estudios sobre los animales se pueden hacer teniéndolos en vivero?
5. ¿Conocéis los tipos de alimentos que comen los reptiles y pequeños mamíferos?
6. ¿Qué os parece que se trabaje con reptiles y mamíferos en los circos? ¿Quién se beneficia y quién se perjudica con esto?
7. ¿Quién se beneficia y quién se perjudica con la protección de reptiles y pequeños mamíferos?

MATERIAL

-Láminas de cristal o polietileno de 50 x 30 x 50 cm.
-Mantillo.
-Musgo o césped.
-Cámara de video.
-Cuaderno de notas.
-Bombilla de 25 W.
-Troncos o piedras.
-Plato.
-Bote.
-Unas ramitas de árbol.
-Cinta adhesiva.
-Cartulina.

METODOLOGÍA

No es importante el tamaño exacto para la construcción del vivero, pero las dimensiones 50 x 30 x 50 cm, son ideales.

1. Cortad   dos cristales iguales para el ancho, otros dos para los lados más largos
   y uno para la tapa, de tal forma, que se adapten a las dimensiones
   indicadas anteriormente.
2. Unid las láminas de vidrio con cinta adhesiva, de tal manera,
   que formen como una caja de cristal.
3. Introducid la caja de cristal en una base de madera en la que previamente
   habréis excavado una ranura para que encajen los cristales.
4. El cristal que sirve de tapa sólo debe unirse por la arista del lado más largo.
5. Cortad dos trocitos de corcho y pegadlos en los vértices opuestos
   a la zona de cierre de la tapadera, con el objeto de que tenga ventilación
   una vez tapado.
6. Poned una capa de turba o mantillo y unas piedras o trozos de tronco,
   así como, unas ramitas de árbol y musgo o césped para ambientar el vivero
   y que los animales tengan por donde moverse.
7. Poned un bote tumbado que les pueda servir para el descanso.
8. Poned un plato hondo para que los animales puedan beber, procurando
   que esté bien sujeto entre el mantillo, para que los animales no lo puedan
   tirar.
9. Poned dentro del vivero aquellos animales que queréis observar.
   Si se trata de reptiles, que son animales que necesitan del calor
   para ponerse activos, es conveniente colocar encima del vivero una fuente
   de calor (Bombilla de 25 W.).

ACTIVIDADES COMPLEMENTARIAS

1. Preparad un vivero para reptiles y pequeños mamíferos, tal como se indica
   en la metodología y observad, en diferentes momentos del día, a los animales
   del vivero. Anotad en el cuaderno vuestras observaciones.
   Para observar los movimientos de los animales en largos períodos de   tiempo se puede utilizar una cámara de video, para ello, colocadla   fija en un lugar conveniente y desde el que se pueda recoger todo el   vivero.
2. Realizad, con una cámara de video, una grabación de 3 horas
   sobre el comportamiento de los animales del vivero.
3. Visionar el video y tomad notas de las observaciones
   (el video os permitirá ralentizar y rebobinar la película,
   con lo cual, se logrará una mejor observación.
4. Proyectad el video a vuestros compañeros/as al tiempo que comentáis
   vuestras observaciones
5. Haced un mural con todo lo que se necesita para la construcción de un vivero
   para reptiles y pequeños mamíferos (incluid dibujos). Mostrad el mural
   a vuestros compañeros/as.

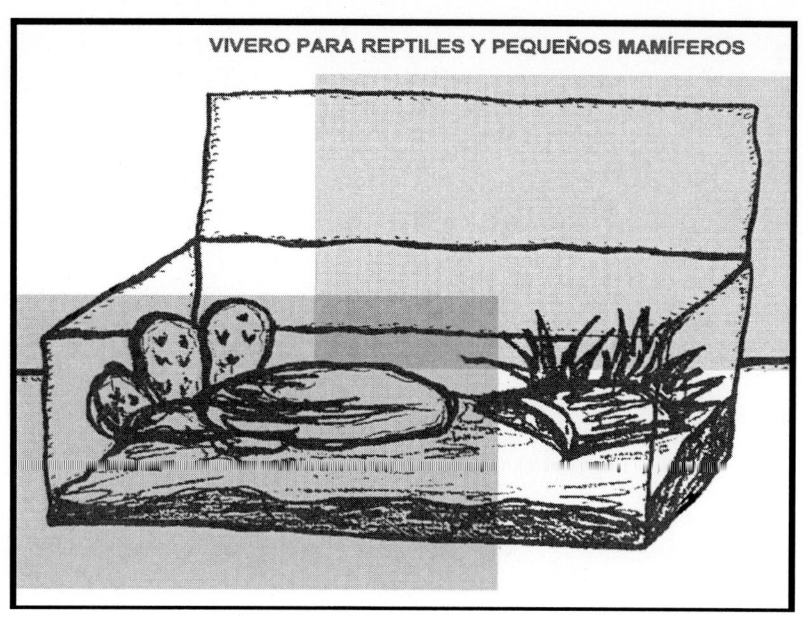

VIVERO PARA REPTILES Y PEQUEÑOS MAMÍFEROS

LAS HUELLAS DE LOS ANIMALES

INTRODUCCIÓN

Las huellas que dejan los animales en los terrenos blandos son datos muy importantes para la caracterización de la presencia de una especie.

OBJETIVO

Con esta actividad pretendemos que aprendáis a obtener moldes y reproducciones de huellas de animales.

ACTIVIDADES INICIALES

1. ¿Qué son las huellas de los animales?
2. ¿Todos los animales dejan huellas?¿Por qué?
3. ¿Conociendo las huellas se puede saber a qué especie animal pertenecen?
4. ¿De qué cosas nos informan las huellas de los animales?
5. ¿En qué lugares se pueden encontrar huellas de animales?¿Por qué?
6. Inventad un método para obtener moldes y reproducciones de huellas
   de animales.
7. ¿Qué especies animales son las que dejan más huellas?

MATERIAL

-Papel recio blanco.
-Escayola.
-Cartón fuerte.
-Clips.
-Una cuchara.
-Un bote.
-Una paleta.
-Papeles de periódico.
-Una brocha.
-Arcilla.
-Pinturas.
-Cámara fotográfica.
-Cinta métrica.
-Pegamento (cola).
-Rectángulos de madera planos.
-Cuaderno de notas.
-Guía de huellas de animales.
-Cartulina.

METODOLOGÍA

Para obtener moldes y reproducciones de huellas:

1. Buscad pisadas de animales nítidas, bien conservadas y limpias.
2. Hundid suavemente un cilindro de cartón fuerte, lo bastante grande
   como para que abarque la pisada con holgura, sujetándolo con clips.
3. Echad la escayola (una vez mezclada adecuadamente con agua)
   en cantidad suficiente para que cubra toda la huella y dejad reposar
   y fraguar durante unos 30 minutos.
4. Sacad, con ayuda de la paleta, el cilindro excavado alrededor de la pisada
   y envolvedlo en papeles de periódico.
5. Trasladadlo hasta el laboratorio y dejadlo en un sitio seguro (para evitar
   que se vuelque y se pueda estropear) durante un día, así nos aseguramos
   de que la escayola esté consistente.
6. Limpiad los moldes. Para ello, retirad cuidadosamente el cartón y lavad el
barro   con agua del grifo. Para terminar la limpieza utilizad una brocha de
celda suave.
7. Dejad los moldes a secar.
8. Identificad los animales cuyas huellas habéis tomado y poned el nombre
   en la escayola.
9. Coged arcilla blanda (mezcladla con agua hasta que adquiera la consistencia
adecuada).
10. Presionad el molde en escayola sobre la arcilla blanda y obtendréis
    una reproducción que es fiel reflejo de la huella original.

Para obtener fotografías de huellas:

1. Buscad pisadas de animales nítidas, bien conservadas y limpias.
2. Realizad fotografías de las huellas. Es conveniente fotografiar restos
continuos
   de huellas y no huellas aisladas, de esta forma, podremos estudiar la manera
   de andar y correr de los animales.

ACTIVIDADES COMPLEMENTARIAS

1. Realizad una colección con las reproducciones en arcilla de huellas de
animales de vuestra zona. Para ello, podéis pegar, con cola, las huellas de los
animales en rectángulos de madera y colorear las huellas destacando el borde.
Incluid una etiqueta con el nombre del animal al que pertenece la huella.
También, para ampliar la información, podéis escribir los datos más
característicos sobre el animal al que pertenece la huella y pegar el folio con los
datos junto a la huella.
Es conveniente pegar las huellas de los pies anteriores y posteriores, y si es
posible, respetar las distancias entre ellas, tal y como las produce el animal al
andar o correr.
2. Realizad una colección con las fotografías de las huellas de los animales de
vuestra zona. Para ello, pegad las fotografías sobre un papel recio y ponedle el
nombre del animal. Podéis incluir, igualmente, otros datos del animal que
completen la colección.

3. Mostrad y comentad las colecciones a vuestros compañeros/as.
4. Haced un mural con todos los pasos necesarios para obtener moldes
   y reproducciones de huellas (incluid dibujos). Mostrad el mural a vuestros
compañeros/as.

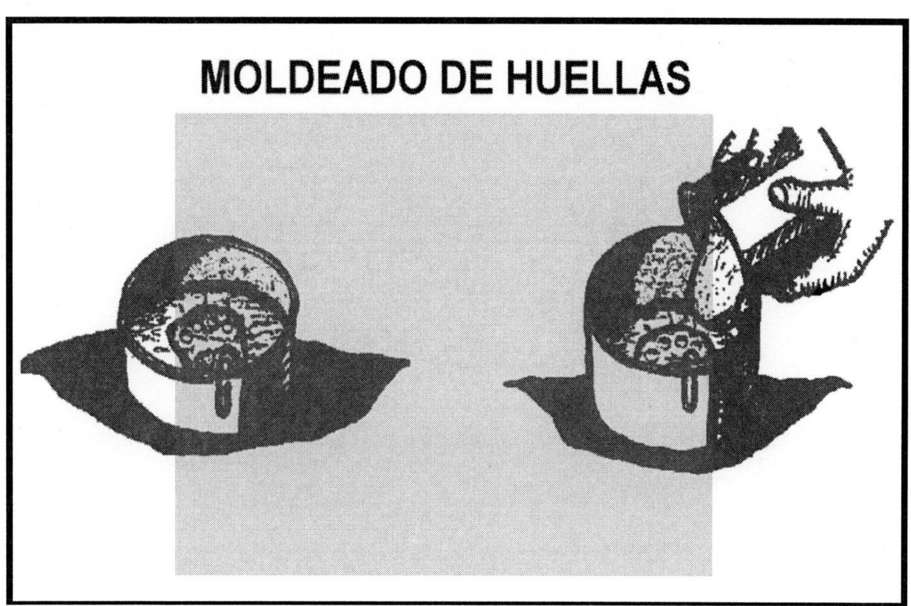

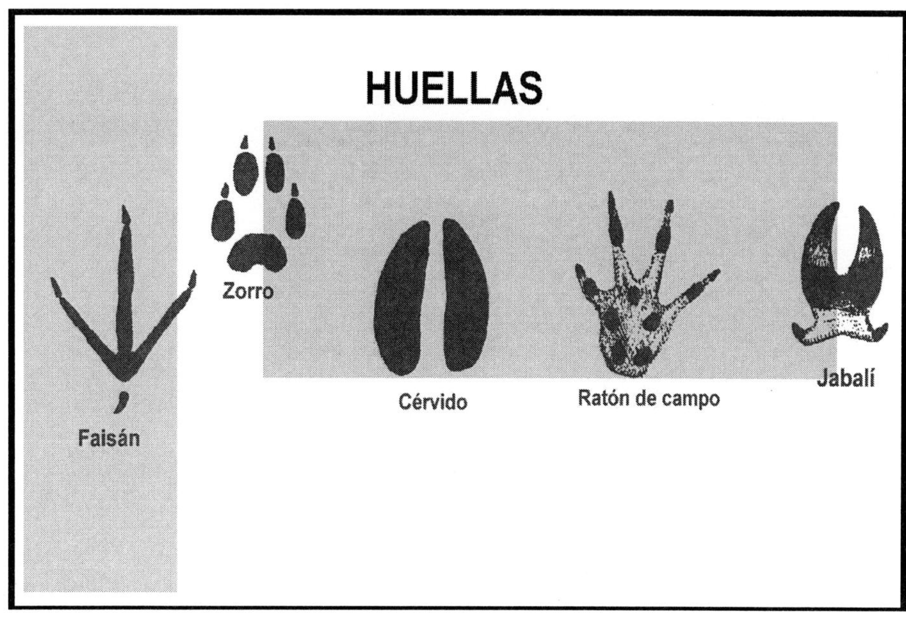

CONSTRUCCIÓN DE UN ESCONDITE PARA OBSERVAR LAS AVES

INTRODUCCIÓN

Para la observación de las aves necesitamos un escondite donde podamos observarlas sin ser vistos, ya que las aves se asustan rápidamente al oír ruidos leves, ver ropas llamativas o algún cuerpo u objeto en movimiento.

OBJETIVO

Con esta actividad pretendemos que aprendáis a construir un escondite sencillo para la observación de las aves.

ACTIVIDADES INICIALES

1 .¿Qué son los escondites o "hides" para observar las aves?
2. ¿Por qué es conveniente esconderse adecuadamente para observar las aves?
3. ¿Son todas las aves igual de fáciles de observar?¿Por qué?
4. Inventad un método para construir un escondite para la observación de aves.
5. ¿Conocéis algún aparato óptico que se utilice para la observación de aves?
6. ¿Cuáles deben ser las actitudes y aptitudes de un buen observador de aves?
7. ¿Conocéis el nombre de las aves mas frecuentes de vuestra zona?

MATERIAL

-Cámara fotográfica.
-Prismáticos.
-Telescopio o catalejo.
-Una silla o taburete.
-Pintura verde oscuro y marrón.
-Sábanas o trozos de tela grandes, viejos.
-8 palos resistentes.
-Cuerdas.
-Cuaderno de notas.
-Cartulina.
-Grabadora.
-Guía de aves.

METODOLOGÍA

1. Cortad 8 ramas fuertes de un árbol (**a modo de poda, no destrozar**) o comprad 8 palos resistentes de madera.
2. Formad, con las 8 ramas o palos, un armazón, de tal forma, que 4 palos verticales formen un cuadrado en el suelo y los otros 4 queden apoyados en

estos formando otro cuadrado que servirá de soporte al techo (ver figura).
Es conveniente que los palos verticales terminen en horquilla para poder
sujetar mejor los palos que van situados sobre ellos. Utilizad cuerdas para
reforzar el armazón.
3. Pintad las sábanas viejas (o los trozos grandes de tela) con manchas de
verde   oscuro y marrón.
4. Poned las sábanas pintadas sobre la estructura del armazón y cosedlas hasta
    que quede la cubierta cerrada (excepto una arista). Dejad una arista sin coser
    para poder entrar y salir; para cerrar esta arista se pueden utilizar lañas,
botones o cremallera.
5. Practicad 3 orificios en cada cara del escondite con el fin de poder observar
    las aves en todas las direcciones, de tal forma, que uno de los orificios
permita ser utilizado en la posición sentado, otro para la observación de pie y
otro para la cámara fotográfica. Es conveniente practicar los orificios
semicirculares, con la idea de que queden cerrados mientras no se utilizan.

Características del escondite:
Que tenga una altura y anchura que permita, a la persona que lo utilice, estar de
pie y cómodamente sentado.

ACTIVIDADES COMPLEMENTARIAS

1. Construid un escondite para observar las aves, tal como se indica
    en la metodología. Haced fotografías.
    Realizad una colección con las fotografías que toméis. Con ayuda de una
guía, buscad el género y la especie del ave que habéis fotografiado y ponedlo
al pie de la fotografía. Buscad algunas características de las aves
fotografiadas y escribidlas en un folio; pegadlas al lado de cada fotografía
para completar la colección. Enseñad la colección a vuestros compañeros/as.
2. Realizad la grabación de los sonidos que emiten las aves que observéis,
    para ello, grabad un comentario rápido sobre las características del ave
    en cuestión para luego saber a qué ave pertenece.
3. Haced un mural con todos los pasos necesarios para construir un escondite
    para la observación de aves (incluid dibujos de cómo quedaría una vez
construido). Mostrad el mural a vuestros compañeros/as.

IDENTIFICACIÓN DE AVES

INTRODUCCIÓN

Para realizar la identificación de un ave es necesario ejercitar nuestro sentido de la observación. Es muy importante saber elegir la zona donde realizaremos nuestras observaciones escogiendo una donde puedan existir diversidad de aves. Las aves son abundantes en zonas boscosas por donde pase un río o torrente, también, suelen encontrarse en zonas de cultivo.

OBJETIVO

Con esta actividad pretendemos que aprendáis a identificar las aves.

ACTIVIDADES INICIALES

1. ¿Qué cosas creéis que son necesarias para realizar a identificación de un ave?
2. ¿Qué lugares son los idóneos para ir a realizar la identificación de aves?
3. ¿Son difíciles de identificar las aves?¿Por qué?
4. ¿Cuántas aves seríais capaces de identificar a simple vista?
5. ¿Se puede identificar un ave solamente por la forma del pico?¿Y por la forma de la cola?
6. Deberían los aspirantes a tener el carnet de cazador hacer un examen con el que se probara si son capaces de identificar las aves?¿por qué? ¿Quién se beneficia y quién se perjudica con esta medida?
7. ¿Seríais capaces de identificar a simple vista algunas aves protegidas?¿Cuáles?
8. Inventad un método para identificar a las aves.

MATERIAL

-Cuaderno de notas.
-Cartulina.
-Grabadora.
-Guía de aves.

METODOLOGÍA

1. La hechura:
Si es rechoncha (petirrojo), grácil (lavandera), etc.

2. Forma de las alas:
Si tiene las puntas afiladas (golondrina) cortas y redondeadas (mosquitero), en forma de media luna, etc.

3. Formas de la cola:
Si la tiene ahorquillada (golondrina), corta y en punta cuadrada (estornino) , en escote (pardillo) , redondeada (cuco) , en cuña (cuervo).

4. Diseño de la cola:
Si tiene la punta blanca (picogordo), rectrices externas blancas (pinzón), manchas blancas laterales (tarabilla), etc.

5. Formas del obispillo en vuelo.

6. Tipos de moteado:
Si es moteada en su totalidad (zorzal común) , sólo el pecho moteado (alondra), moteada en los flancos (pardillo), etc.

7. Franjas alares:
Si son confusas o fácilmente visibles.

8. Elementos característicos de la cabeza:
Si presenta lista superciliar, anillo, lista pileal, etc.

9. Diseño de las alas:
Si el ala no presenta diseño, con franja o franjas alares, con manchas alares.

10. Formas del pico:
Si es pequeño y fino (mosquitero) , corto y robusto como el de las aves comedoras de grano (gorrión) , en puñal (charrán) , ganchudo (cernícalo) , etc.

11. Color del ave.

12. Características del vuelo:
Si es en línea recta, vuelo largo o corto, ondulado, etc. Observad, también, la postura de las patas y cuello en vuelo.

13. Posición en reposo:
Si es en diagonal, levantada, horizontal, etc.

14. Cómo se mueve por el suelo:
Si anda, corre, salta, etc.

15. Características del canto:
Si es grave, agudo, corto, largo, variado o monótono, etc.

ACTIVIDADES COMPLEMENTARIAS

1. Realizad la observación de aves un día a la semana durante un mes
   y apuntad vuestras observaciones en el cuaderno de notas.
2. Identificad, con la ayuda de una guía de aves y los elementos de identificación
   que os hemos dado anteriormente, la mayor cantidad de aves que os sea
posible   de entre las que observasteis en la actividad anterior.
3. Realizad un mural con vuestras observaciones (incluid los dibujos y notas
   de vuestro cuaderno). Mostrad el mural a vuestros compañeros/as.
4. Realizad un mural con todos aquellos aspectos a tener en cuenta
   para la identificación de aves (incluid dibujos). Mostrad el mural a vuestros
compañeros/as.

TOPOGRAFÍA DE UN AVE

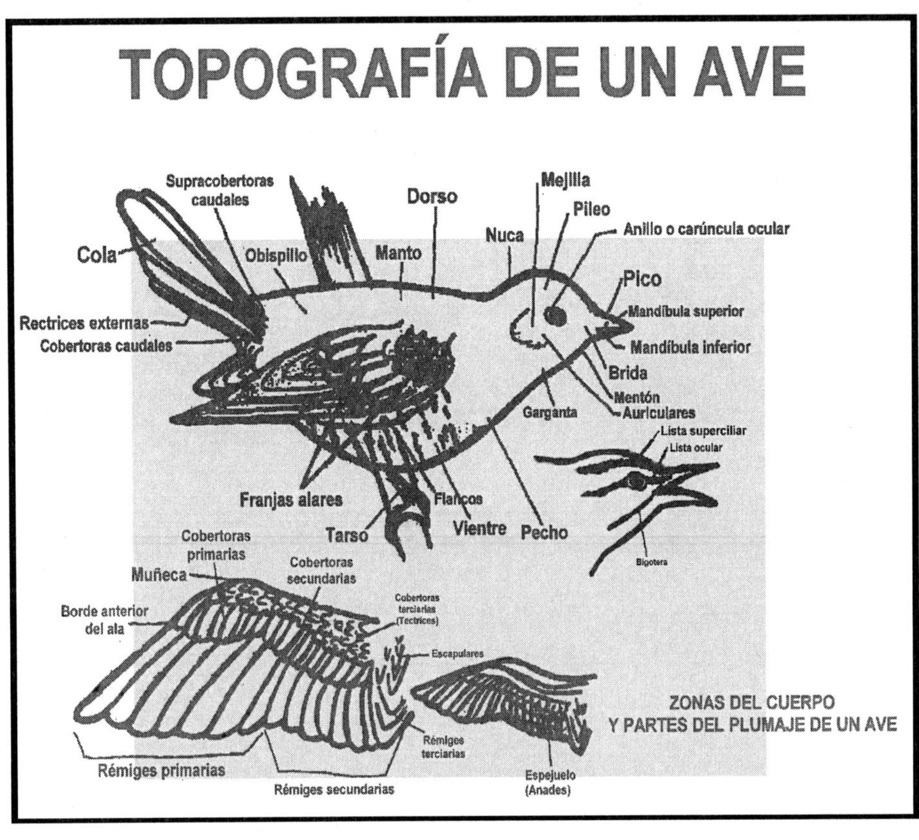

CLAVES PARA LA IDENTIFICACIÓN DE AVES

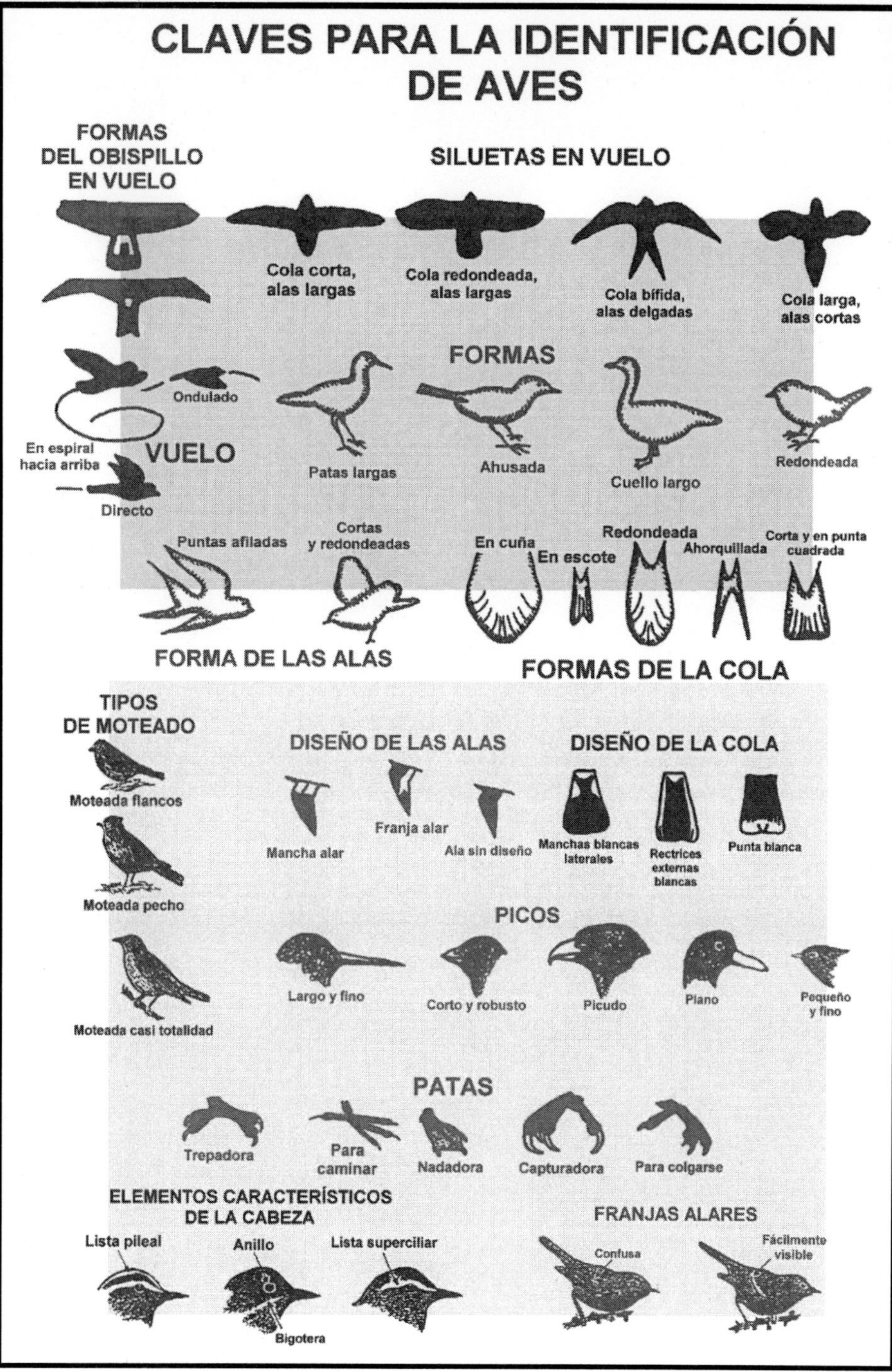

MUNDO VEGETAL

LAS PLANTAS REALIZAN LA FOTOSÍNTESIS

INTRODUCCIÓN

La fotosíntesis de las plantas se realiza en un pigmento verde, llamado clorofila, que tienen las hojas.

Para la realización de la fotosíntesis las plantas necesitan: Dióxido de carbono atmosférico (CO_2) , agua H_2O) y luz solar. Las plantas, mediante la fotosíntesis, obtienen materia orgánica (azúcares) y liberan oxígeno (O_2) a la atmósfera. Las plantas acuáticas captan el dióxido de carbono disuelto en el agua para la realización de la fotosíntesis.

OBJETIVO

Con esta actividad pretendemos que observéis la fotosíntesis de las plantas mediante el desprendimiento de gas oxígeno y valoréis la importancia de la luz solar para la realización de esta función, ya que sin luz no se desprende oxígeno, es decir, no se lleva a cabo el proceso fotosintético.

ACTIVIDADES INICIALES

1. ¿En qué consiste la fotosíntesis o función clorofílica?
2. ¿Para qué sirve la fotosíntesis a las plantas?
3. ¿Quiénes se benefician con los productos que se obtienen de la fotosíntesis?
4. ¿Qué partes de la planta realizan la fotosíntesis?
5. ¿Qué es la clorofila?¿Para qué sirve?
6. ¿Conocéis algunos otros pigmentos fotosintéticos?¿Cuáles?
   ¿Qué características tienen?
7. ¿Cómo realizan la fotosíntesis las plantas acuáticas?
8. ¿Por qué se deben respetar las plantas?
9. ¿Qué ocurre a la atmósfera cuando se producen incendios forestales y talas
   de bosques?
10. Inventad un método en que se ponga de manifiesto cómo las plantas
realizan la fotosíntesis?

MATERIAL

-2 tubos de ensayo.
-2 vasos de precipitados.
-2 embudos.
-Plantas acuáticas (Elodea)
-Cuaderno de notas.
-Cartulina.

METODOLOGÍA

1. Colocad en el fondo de cada vaso de precipitados plantas acuáticas (Elodea)
   y tapadlos con el embudo.
2. Añadid a ambos vasos, agua hasta cubrir completamente los embudos.
3. Coged un tubo de ensayo y llenadlo totalmente de agua; tapad la boca,
   invertidlo con cuidado para que no se escape nada de agua.
4. Sumergidlo en el vaso de precipitados y situadlo de tal forma que cubra
   la parte estrecha del embudo.
5. Haced la misma operación con el otro tubo de ensayo.
6. Colocad un vaso en una habitación totalmente oscura y el otro dejadlo en un
lugar donde reciba la luz del sol.

Observaréis que en el vaso situado al sol se ven ascender, por dentro del tubo
de ensayo, burbujas gaseosas que son de oxígeno. Al día siguiente, en este
vaso, observaréis que en el tubo de ensayo ha descendido el nivel del agua a
consecuencia del desprendimiento de oxígeno (que se sitúa en la parte
superior).
Sin embargo, en el vaso situado a oscuras, al día siguiente, el nivel del agua no
ha bajado, lo cual nos indica que no ha habido desprendimiento de oxígeno.
Por tanto, para que se realice la fotosíntesis las plantas deben recibir luz solar.

ACTIVIDADES COMPLEMENTARIAS

1. Preparad un experimento para observar la fotosíntesis, tal como se indica
   en la metodología. Anotad vuestras observaciones sobre el experimento
   en el cuaderno de notas.
2. Inventad poemas en favor de las plantas.
3. Haced un mural en el que aparezca todo lo necesario para observar
   la fotosíntesis de las plantas (incluid dibujos). Mostrad el mural a vuestros
compañeros/as.
4. Escribid un relato sobre lo que ocurriría en nuestro Planeta si desaparecieran
   las plantas. Ilustrad el relato.

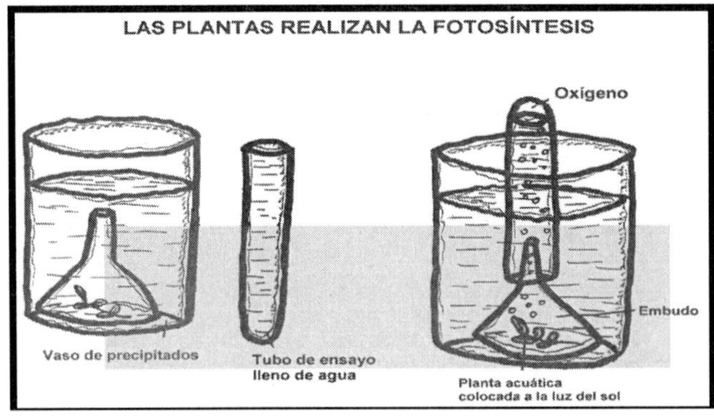

ESTUDIO DE UNA FLOR COMPLETA

INTRODUCCIÓN

En las flores se encuentran los órganos reproductores de las plantas que las poseen. La forma, tamaño y colorido de las flores varía mucho de unas a otras especies. Una flor es completa cuando presenta: Periantio (cáliz y corola), androceo (aparato reproductor masculino-estambres-) y gineceo (aparato reproductor femenino-estigma, estilo y ovario-).

OBJETIVO

Con esta actividad pretendemos que aprendáis a realizar el estudio de una flor completa.

ACTIVIDADES INICIALES

1. ¿Qué es una flor? ¿Cuáles son sus funciones?
2. ¿Son iguales todas las flores? ¿En qué se diferencian?
3. ¿Por qué muchas flores presentan colores llamativos?
4. ¿Existe alguna relación entre la aparición de las flores en las plantas
   y la abundancia de insectos en primavera?
5. Inventad un método para estudiar una flor completa.
6. ¿Qué diferencias existen entre polinización y fecundación de las flores?
7. Enumerad las partes de una flor completa que conozcáis.
8. ¿Existe alguna relación entre el fruto y las semillas con la flor?
9. ¿Cómo valoráis que se adornen con flores las imágenes de Semana Santa?
10. ¿De qué formas se pueden colocar las flores en la planta?
    ¿Qué son las inflorescencias?

MATERIAL

-Folios blancos.
-Lupa.
-Microscopio.
-Cuaderno de notas.
-Pinzas.
-Alfiler.
-Una flor completa.
-Regla graduada.
-Cartulina.

METODOLOGÍA

1. Sépalos:
1.1. Contad el número de sépalos.
1.2. Observad su forma.
1.3. Observad si están o no soldados entre sí.
1.4. Anotad vuestras observaciones y realizad dibujos de lo observado.

2. Pétalos:
2.1. Contad el número de pétalos.
2.2. Observad su forma.
2.3. Observad si están o no soldados entre sí.
2.4. Anotad vuestras observaciones y realizad dibujos de lo observado.

3. Estambres (Utilizad lupa):
3.1. Contad el número de estambres.
3.2. Observad cómo están colocados.
3.3. Medid su longitud.
3.4. Anotad vuestras observaciones y realizad dibujos de lo observado.
3.5. Quitad los pétalos uno a uno (ayudaos de las pinzas).
3.6. Quitad los estambres y colocadlos sobre una hoja de papel blanco.
3.7. Romped una antera, con ayuda de un alfiler, con objeto de liberar
      los granos de polen.
3.8. Colocad los granos de polen en un portaobjetos, echad una gota de agua
      y poned encima un cubreobjetos.
3.9. Observad los granos de polen al microscopio.
3.10. Anotad vuestras observaciones (sobre los granos de polen)
       y realizad dibujos de lo observado.

4. Gineceo:
4.1. Observad (ayudaos de la lupa) cuantas piezas lo forman.
4.2. Realizad un corte al ovario de forma perpendicular a su eje mayor y observad
      el número de cavidades que tiene; observad, igualmente, el número de
óvulos   (ayudaos, para ello, del microscopio).
4.3. Anotad vuestras observaciones y realizad dibujos de lo observado.

ACTIVIDADES COMPLEMENTARIAS

1. Realizad el estudio de algunas flores completas de vuestra zona.
2. Investigad sobre la reproducción de los pinos y los abetos.
3. Haced un mural con todos los pasas necesarios para el estudio de una flor completa (incluid dibujos). Mostrad el mural a vuestros compañeros/as.
4. Investigad sobre los tipos de inflorescencias de las plantas de vuestra zona.

FLOR COMPLETA

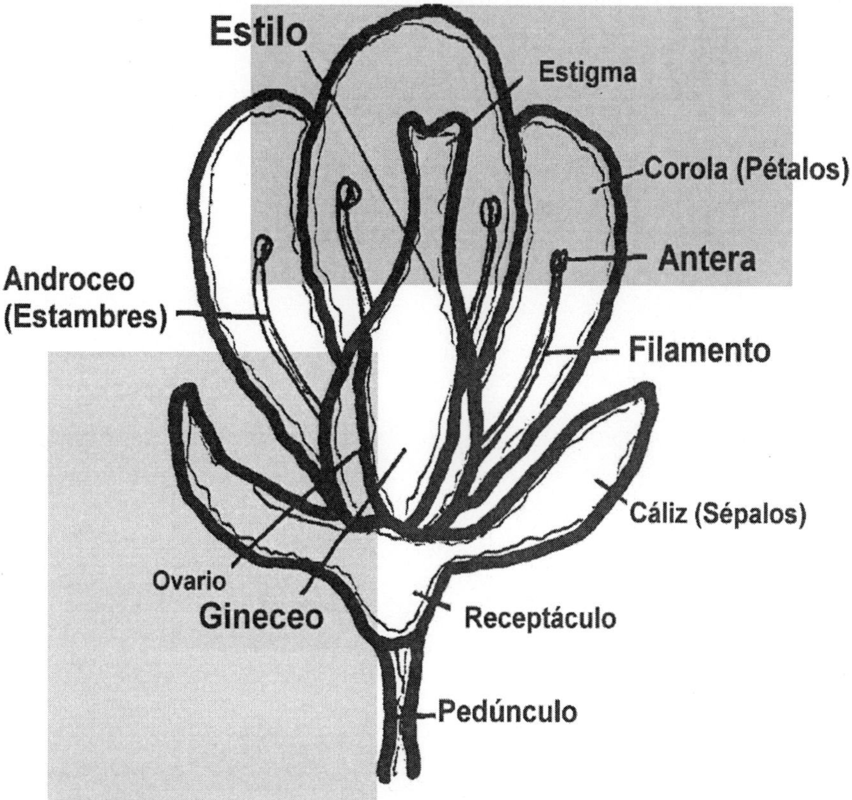

CÓMO OBTENER EL VINO

INTRODUCCIÓN

El vino es el producto de la fermentación del mosto de las uvas. La fermentación del mosto de las uvas se lleva a cabo gracias a unas levaduras que se encuentran en su piel. Para que se inicie la fermentación se necesitan temperaturas templadas ya que si la temperatura es muy baja la fermentación se interrumpe. La fermentación se lleva a cabo en **tres períodos**:

Primer período: Comprende las 24 primeras horas desde que se produce la rotura de las uvas.
Segundo período: Comprende los 3 ó 4 días siguientes.
Tercer período: Tiene una duración de 4 ó 5 días más y con él se produce la fermentación total, obteniéndose el vino.

OBJETIVO

Con esta actividad pretendemos que aprendáis a obtener el vino a partir de la fermentación del mosto de las uvas.

ACTIVIDADES INICIALES

1. ¿Qué es el vino? ¿De dónde se obtiene? ¿Por qué?
2. ¿Qué significa la palabra fermentación?
3. ¿Qué son las levaduras? ¿Cuáles son sus funciones?
4. ¿Qué condiciones se necesitan para obtener el vino?
5. Indicad el nombre y las características de algunos vinos de vuestra zona.
6. ¿Cuáles son las diferencias entre un vino blanco y un vino tinto?
7. Inventad un método para obtener vino.
8. ¿Tiene el vino propiedades alimenticias
    (**tomado con la debida moderación**)?¿Cuáles?

MATERIAL

-Mortero.
-Frasco de boca ancha.
-Algodón.
-Embudo.
-Cartulina.
-Cuaderno de notas.
-Cámara fotográfica.

METODOLOGÍA

1. Machacad las uvas en el mortero.
2. Echad el mosto obtenido en el frasco de boca ancha y tapadlo con algodón.
3. Colocad el frasco en un lugar templado hasta que se produzca la fermentación total.
4. Observad el frasco diariamente: Olor, aspecto, color.

Una vez finalizado el tercer período de fermentación obtendréis el vino y podréis notar perfectamente el olor del alcohol.

ACTIVIDADES COMPLEMENTARIAS

1. Preparad todo lo necesario para obtener el vino, tal como se indica
   en la metodología, y observad el proceso. Anotad vuestras observaciones
   sobre el experimento en el cuaderno de notas.
2. Realizad un mural con vuestras observaciones y mostradlo a vuestros compañeros/as. Sería interesante hacer fotografías de cada paso del proceso
   de obtención del vino e incluirlas en el mural.
3. Existen vinos específicos para aperitivos, carnes, pescado, etc.
   Investigad sobre ellos.

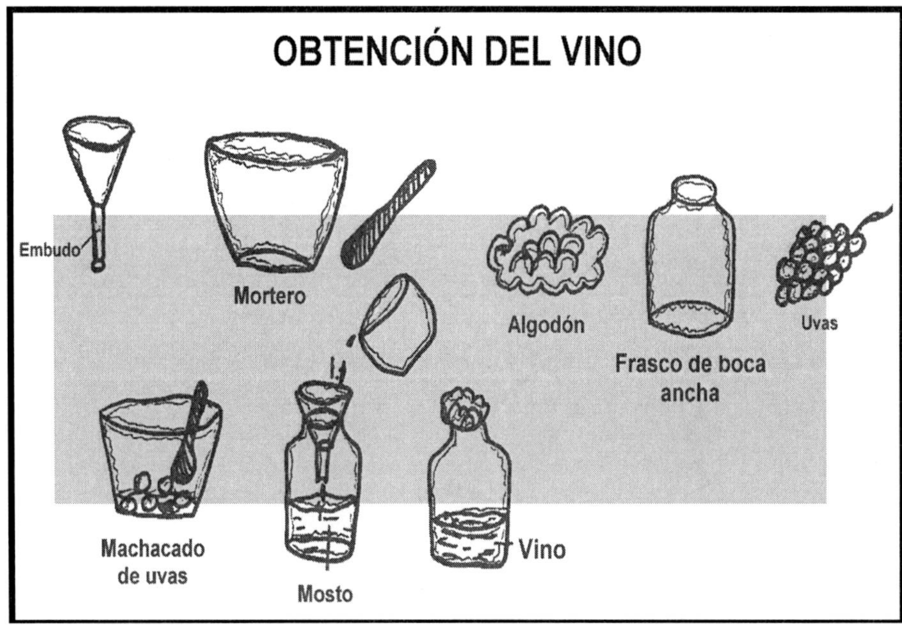

MEDICIÓN DE LA ALTURA DE LOS ÁRBOLES

INTRODUCCIÓN

Existen varios métodos muy sencillos para la medición de la altura de los árboles: El método proporcional, el método del lápiz y la medición de le altura por ángulos. Los dos primeros necesitan de la colaboración entre dos personas, el tercero permite medir la altura con un sólo observador.
A continuación, describiremos la metodología a emplear para realizar la medición de la altura de los árboles según el método de los ángulos simplificado para que os resulte más fácil.

OBJETIVO

Con esta actividad pretendemos que aprendáis a construir un **clinómetro** y midáis la altura de los árboles.

ACTIVIDADES INICIALES

1. ¿Conocéis algún método sencillo para medir la altura de los árboles?
   ¿En qué consiste?
2. Inventad un método para medir la altura de los árboles.
3. ¿Qué es un clinómetro?
4. ¿ Para qué puede servir conocer la altura de los árboles?
5. Indicad el nombre de algunos árboles de gran altura.
6. ¿Qué son las sequoias?¿Dónde se encuentran?
   ¿Qué altura pueden llegar a alcanzar?
7. ¿Por qué unos árboles tienen más altura que otros?
8. ¿Qué animales suelen vivir en los árboles de gran altura?

MATERIAL

-Palo que tenga una longitud igual a la que separa la mano estirada del ojo.
-Tabla rectangular de madera de 1 x 15 x 30 cm.
-Un tornillo grande.
-Un clavo de 1,5 cm de longitud.
-2 Cáncamos.
-Un trozo de cuerda fina y fuerte de 20 cm de longitud.
-Transportador de ángulos.
-Cinta métrica larga.
-Cuaderno de notas.
-Cartulina.
-Rotulador permanente.
-Guía de árboles.

METODOLOGÍA

1. Medición por ángulos

1.1. Para la construcción del clinómetro simplificado:

1.1.1. Coged la tabla de madera con las medidas adecuadas y colocadla
sobre una mesa.
1.1.2. Señalad el punto medio de las aristas largas por una de sus caras.
1.1.3. Trazad con un rotulador permanente la recta que une los dos puntos
medios.
1.1.4. Trazad con un rotulador permanente el semicírculo que tiene como
extremos
los dos vértices de la arista superior.
1.1.5. Con ayuda de un transportador de ángulos, y utilizando rotulador
permanente, señalad en el sector circular de la derecha un ángulo de 45
grados (que dividirá el sector circular en dos partes iguales).
1.1.6. Clavad un clavo, hasta sus dos terceras partes, en el centro del canto
de la parte superior de la madera.
1.1.7. Atad la cuerda al clavo con un nudo seguro.
1.1.8. Atad, igualmente, el tornillo en el otro extremo de la cuerda
(el tornillo servirá de plomada)
1.1.9. Introducid a 2 cm de cada extremo superior de la madera, en el centro del
canto, un cáncamo, de tal forma, que queden los dos cáncamos
a la misma altura. De esta forma, quedará construido el clinómetro
simplificado (ver figura).

1.2. Para la medición de los árboles con el clinómetro simplificado:

1.2.1. Alejaos del árbol, apuntando con la mira a la cima del mismo.
(La mira estará formada por los dos cáncamos).
1.2.2. Deteneos en el justo lugar en que la plomada señale el ángulo de 45
grados.
En este momento, mediante un cálculo sencillo, podréis calcular la altura
del árbol.
1.2.3. Medid, con ayuda de la cinta métrica, la distancia desde donde
os encontráis hasta la base del árbol. A esta distancia la llamaremos **a**.
1.2.4. Medid la distancia desde el suelo (base de los pies del observador
hasta el nivel de vuestros ojos. A esta distancia la llamaremos **b**.
1.2.5. Sumad ambas distancias (**a+b**) y esa será la altura del árbol.

2. Otra forma sencilla de calcular la altura de un árbol

2.1. Cortad un palo que tenga una longitud igual a la que separa la mano
estirada del ojo (ver figura).
2.2. Alejaos del árbol hasta que el palo, puesto en vertical, coincida con la altura
del árbol.
2.3. Cuando lleguéis a ese punto medid la distancia que os separa del árbol,
la cual equivale a su altura.

ACTIVIDADES COMPLEMENTARIAS

1. Medid los árboles de vuestro colegio o del parque de vuestra ciudad,
   y apuntad sus alturas en vuestro cuaderno de notas.
2. Buscad el nombre de cada árbol (con ayuda de una guía de árboles)
   y escribidlo al lado de su altura.
3. Realizad un dibujo de los árboles que habéis medido.
4. Buscad en la guía de árboles algunas características de estos árboles.
5. Realizad un mural con los datos y dibujos de los árboles que habéis
estudiado.   Mostrad el mural a vuestros compañeros/as.
6. Investigad sobre los árboles más altos de vuestra zona.
7. Realizad un mural con todos los pasos necesarios para medir la altura
   de los árboles (incluid dibujos). Mostrad el mural a vuestros compañeros/as.

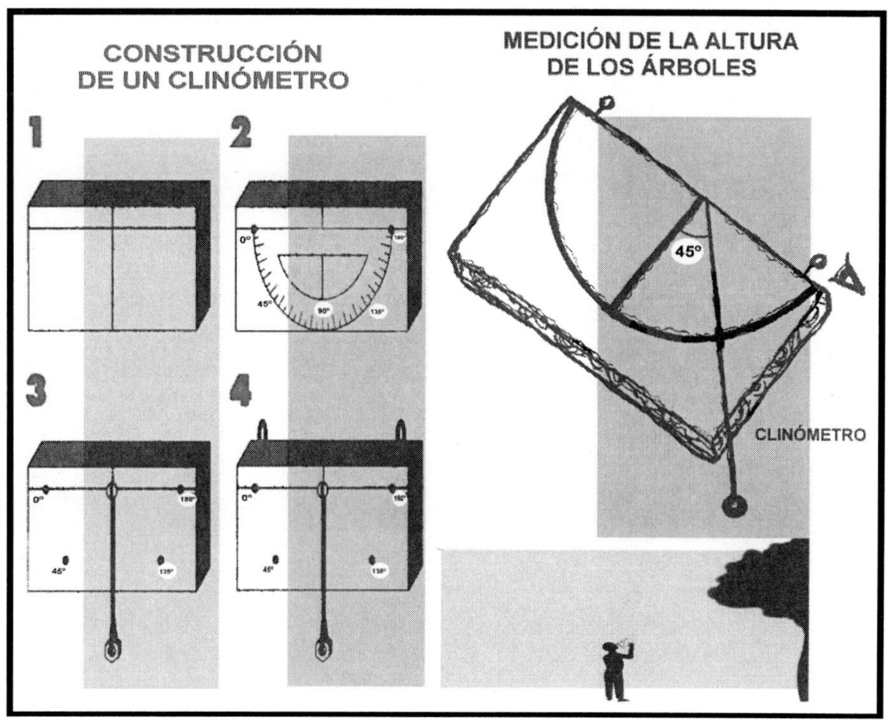

MEDICIÓN DE LA ALTURA DE LOS ÁRBOLES

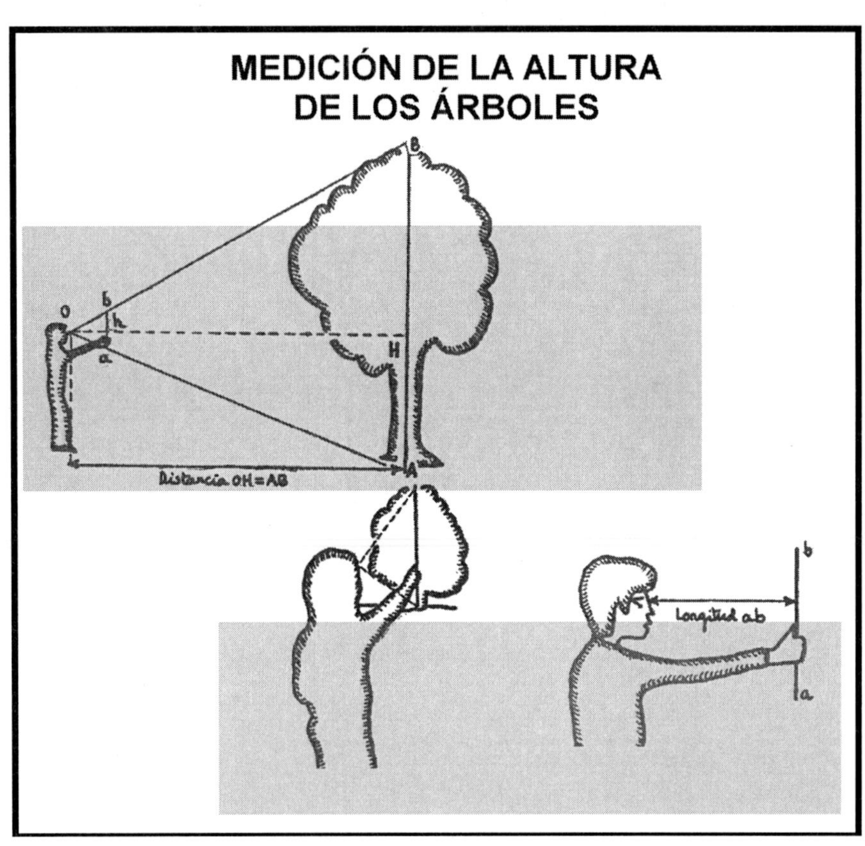

MEDICIÓN DE LA EDAD DE LOS ÁRBOLES

INTRODUCCIÓN

Podemos medir fácilmente la edad de un árbol contando los anillos de crecimiento, ya que cada año el tronco del árbol produce un anillo; pero no podrán contarse los anillos sin haber talado el árbol, lo cual sería una solución poco ecológica. Podemos realizar una medición sencilla de la edad de los árboles basándonos en la investigación realizada por Alan Mitchell, el cual descubrió que en la mayor parte de los árboles que tienen la copa muy desarrollada, su circunferencia aumenta a un ritmo medio de 2,5 cm por cada año de vida.

OBJETIVO

Con esta actividad pretendemos que aprendáis a calcular la edad de los árboles.

ACTIVIDADES INICIALES

1. Inventad un método para medir la edad de los árboles.
2. ¿Para qué sirve saber la edad de los árboles?
3. ¿Qué son los anillos de crecimiento de un árbol?
4. ¿Creéis que es una solución ecológica talar un árbol para saber su edad? ¿Por qué?
5. ¿Cuáles son los árboles que viven más años?¿Cuáles viven menos?
6. ¿Qué es la silvicultura?¿Es importante para la silvicultura conocer la edad de los árboles?¿Por qué?

MATERIAL

-Cinta métrica.
-Cuaderno de notas.
-Guía de árboles.
-Cámara fotográfica.
-Cartulina.

METODOLOGÍA

1. Situaos frente al árbol del que pretendéis medir su edad.
2. Coged la cinta métrica y medid la longitud de la circunferencia a una altura de 1,5 m, aproximadamente, desde la base del tronco.
3. Apuntad esta longitud en vuestro cuaderno de notas.
4. Calculad la edad realizando una sencilla regla de tres.
   (Es muy importante pasar los metros de circunferencia a centímetros).

Ej: Si la longitud de la circunferencia del árbol es de 2 m, la edad del árbol
se calcularía así:

El árbol aumenta su circunferencia 2,5 cm---------------en----------------1 año

para 2 m (200 cm) de circunferencia --X
(años)

X=200 cm x 1 año: 2,5 cm=80 años

En este ejemplo el árbol tendría una **edad de 80 años**.

Observaciones:

La metodología expuesta anteriormente es válida para árboles que crecen
aisladamente, pero si se trata de medir la edad de un árbol que crece en una
zona boscosa, para calcular su edad debemos multiplicar el resultado obtenido
por dos, ya que en las zonas de bosque los árboles compiten entre ellos por las
sustancias nutritivas y el crecimiento anual, de la circunferencia del tronco, es
menor. En el ejemplo, el árbol tendría una edad de 160 años.

Aunque esta regla sirve para medir la edad de la mayoría de los árboles, no se
cumple nunca con algunas especies:

-Los álamos.

-El castaño de indias.

-El pino albar.

-Y otras especies menores.

ACTIVIDADES COMPLEMENTARIAS

1. Medid la altura de los árboles de vuestro colegio o del parque de vuestra
ciudad.
2. Buscad, con ayuda de una guía de árboles, el nombre de los árboles
de los que habéis calculado la edad.
3. Realizad dibujos o fotografías de los árboles que estáis estudiando.
4. Realizad un mural con las fotografías, dibujos, nombre y edad de los árboles
que habéis estudiado. Mostrad el mural a vuestros compañeros/as.
5. Realizad un mural con todos los pasos necesarios para medir la edad de los
árboles (incluid dibujos). Mostrad el mural a vuestros compañeros/as.

MEDICIÓN DE LA EDAD
DE LOS ÁRBOLES

CÓMO SE REALIZA UN PLANO DE LAS COPAS DE LOS ÁRBOLES

INTRODUCCIÓN

Las condiciones ambientales donde crecen los árboles influyen en su forma y dan lugar a copas de tamaños muy diversos. Dos árboles de la misma especie que crecen en lugares y en condiciones ambientales diferentes, presentan aspectos muy distintos.

OBJETIVO

Con esta actividad pretendemos que aprendáis a realizar el plano de las copas de los árboles.

ACTIVIDADES INICIALES

1. ¿Qué es la copa de un árbol?
2. Inventad un método para realizar un plano de las copas de los árboles.
3. ¿Para qué puede servir un plano de las copas de los árboles?
4. ¿Cómo influyen las condiciones ambientales donde crecen los árboles
   en su forma?
5. ¿De qué depende el aspecto que presentan los árboles?
6. ¿Cuáles son los árboles que presentan copas más grandes?¿Cuáles menos?

MATERIAL

-Cinta métrica.
-Cuaderno de notas.
-Lápices.
-Cámara fotográfica.
-Cartulina.
-Guía de árboles.

METODOLOGÍA

1. Medid la circunferencia del tronco a nivel del suelo.
2. Medid las proyecciones de las ramas mas sobresalientes en, al menos,
   16 direcciones, para ello, deberéis medir la distancia sobre el suelo desde el tronco   hasta las ramas correspondientes.
3. Realizad un dibujo a escala con los resultados obtenidos.

ACTIVIDADES COMPLEMENTARIAS

1. Realizad el plano de copas de los árboles de vuestro colegio o del parque
   de vuestra ciudad.
2. Buscad, con ayuda de una guía de árboles, el nombre de los árboles que
   estáis   estudiando.
3. Realizad fotografías de los árboles que estáis estudiando desde, al menos,
   cuatro direcciones distintas.
4. Comparad el plano de copas de un árbol de vuestro colegio o del parque
   de vuestra ciudad con otro de la misma especie que crezca en el bosque
   abierto.
5. Realizad un mural con las fotografías, dibujos, nombre y plano de copas
   de los árboles que habéis estudiado. Mostrad el mural a vuestros
   compañeros/as.
6. Realizad un mural con todos los pasos necesarios para realizar un plano
   de las copas de los árboles (incluid dibujos). Mostrad el mural a vuestros
   compañeros/as.

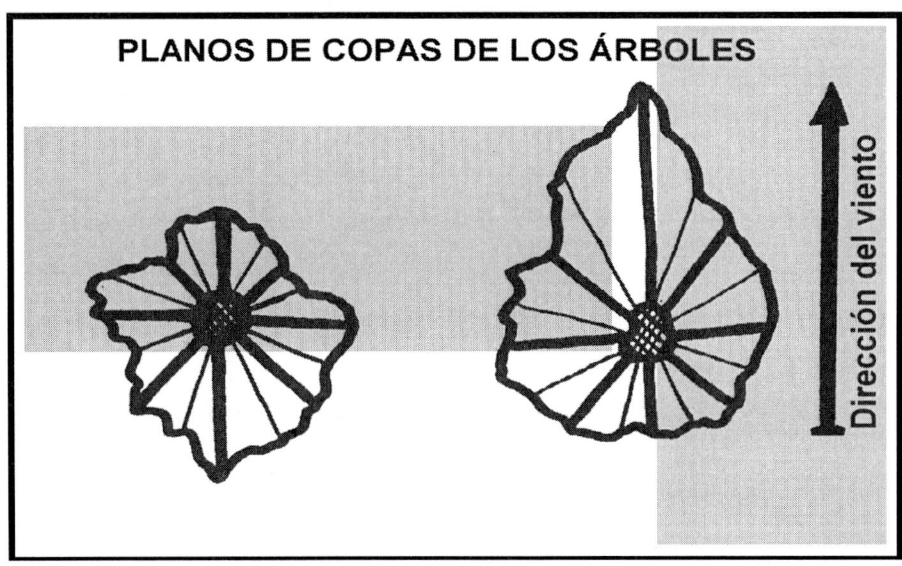

CÓMO SE REALIZA UN CALCO DE LAS CORTEZAS Y DE LAS HOJAS DE LOS ÁRBOLES

INTRODUCCIÓN

Los árboles de diferentes especies presentan también diferentes tipos de cortezas y hojas que nos pueden ayudar a su identificación. Una misma especie de árbol puede presentar distintas configuraciones de la corteza dependiendo de la altura y de la edad del árbol. Existen métodos muy sencillos para obtener calcos de cortezas y hojas de los árboles.

OBJETIVO

Con esta actividad pretendemos que aprendáis a realizar calcos de las cortezas y de las hojas de los árboles.

ACTIVIDADES INICIALES

1. Inventad un método para realizar el calco de las cortezas y de las hojas de los árboles.
2. ¿Para qué puede servir el calco de las cortezas y de las hojas de los árboles?
3. ¿Puede servir el tipo de corteza para diferenciar unos árboles de otros?
4. ¿Influye la altura y la edad de los árboles en la configuración de su corteza? ¿Por qué?
5. ¿Sabéis diferenciar algunos árboles por el tipo de corteza que presentan?
6. ¿Los árboles mudan la corteza?
7. ¿Conocéis algunos animales que se alimenten de cortezas de árboles?¿Cuáles?

MATERIAL

-Cuaderno de notas.
-Cinta métrica.
-Escalera.
-Hojas de papel fuerte tamaño DINA-3 (Blanco o de diferentes colores).
-Cámara fotográfica.
-Cuerdas.
-Lápices de ceras o betún de zapatero.
-Guía de árboles.
-Láminas de cartón.
-Cartulina.

METODOLOGÍA

1. Para el calco de cortezas:

1.1. Sujetad la hoja de papel fuerte, tamaño DINA-3, al tronco del árbol,
a la altura deseada; utilizad para ello dos cordeles, uno en la parte superior
y otro en la inferior del papel.
1.2. Frotad el papel con betún de zapatero o con lápices de cera. Si utilizáis cera,
frotad fuerte y uniformemente por todo el papel, de esta forma,
quedará impreso el diseño de la corteza del árbol, obteniéndose zonas
oscuras y claras, las primeras corresponden a los salientes y las segundas
a los entrantes de la corteza.
1.3. Buscad, con ayuda de una guía de árboles, el nombre del árbol y anotadlo
en la hoja del calco de la corteza. Es muy importante anotar,
también, la altura del árbol a la que se ha realizado el calco.

2. Para el calco de hojas:

2.1. Colocad la hoja del árbol sobre una lámina de cartón.
2.2. Cubrid la hoja del árbol con una hoja de papel blanco fuerte.
2.3. Frotad la superficie de la hoja de papel, realizando movimientos uniformes
y paralelos, con un lápiz de cera.
2.4. Para completar el calco se puede colocar la hoja del árbol encima del dibujo
obtenido y marcar con un lápiz la silueta de la hoja.
De esta forma obtendremos el calco de la hoja, en el que se podrán
observar   perfectamente los nervios.
2.5. Buscad, con ayuda de una guía de árboles, el nombre del árbol
que estáis estudiando y anotadlo en el papel del calco de la hoja.

Este método se puede emplear para hacer calcos de cualquier tipo de hojas
(árboles, arbustos, etc.).

ACTIVIDADES COMPLEMENTARIAS

1. Realizad el calco de las cortezas y de las hojas de los árboles de vuestro
colegio   o del parque de vuestra ciudad.
2. Realizad el calco de la corteza de un árbol a diferentes alturas y comparad
los calcos obtenidos.
3. Realizad fotografías de las cortezas y de las hojas de diferentes árboles.
Una vez reveladas, anotad en cada fotografía el nombre del árbol
(ayudaos, para ello, de una guía de árboles.
4. Realizad fotografías de la corteza de un árbol a diferentes alturas y comparad
las fotografías obtenidas.
5. Realizad un mural con los calcos y fotografías de las cortezas y las hojas
de los árboles que habéis estudiado. Mostrad el mural a vuestros
compañeros/as.

6. Realizad un mural con todos los pasos necesarios para realizar un calco
de las cortezas y de las hojas de los árboles (incluid dibujos). Mostrad el mural

a vuestros compañeros/as.

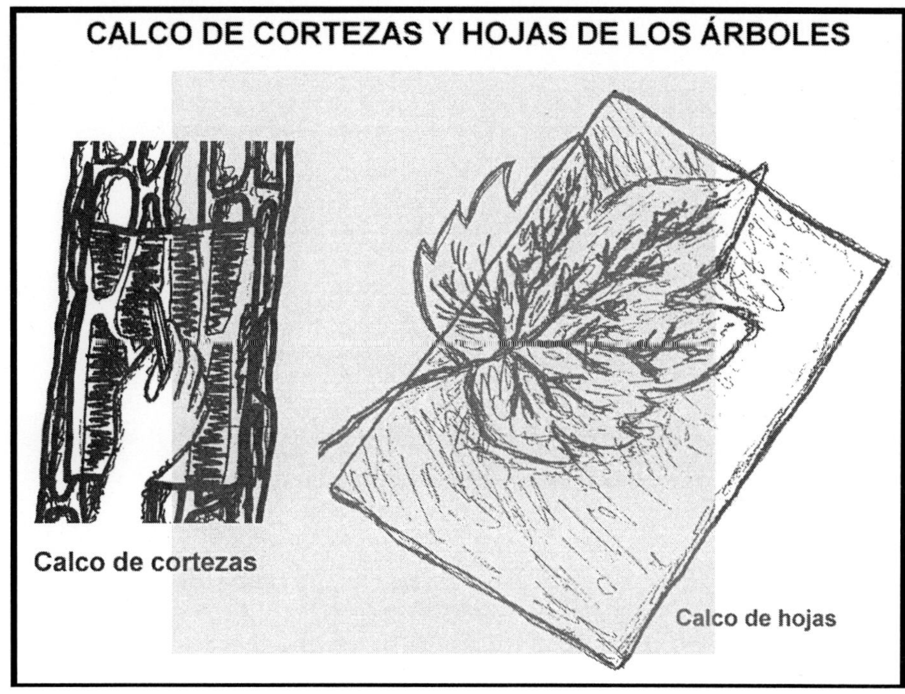

CRECIMIENTO Y TRANSPIRACIÓN DE LAS PLANTAS

INTRODUCCIÓN

Las semillas de las plantas necesitan unas condiciones determinadas para realizar su crecimiento, de tal forma, que si no se cumplen, este crecimiento no se inicia.

Al igual que los animales, las plantas desprenden agua (a través de las hojas), es decir, en ellas también se verifica la transpiración.

Es sabido por todos que el crecimiento del tallo es vertical hacia arriba, buscando la luz del sol (fototropismo positivo) y opuesto al suelo (geotropismo negativo), mientras que el crecimiento de la raíz se produce en sentido vertical hacia abajo profundizando en el suelo (geotropismo positivo).

Existen experimentos sencillos que nos demuestran todas estas afirmaciones.

OBJETIVO

Con esta actividad pretendemos que aprendáis a realizar unos experimentos sencillos sobre el crecimiento y transpiración de las plantas.

ACTIVIDADES INICIALES

1. ¿Qué significan los términos crecimiento y transpiración?
2. Inventad un método para estudiar el crecimiento y transpiración de las plantas.
3. ¿Para qué puede servir conocer el crecimiento de las plantas?
4. ¿Qué condiciones necesitan las semillas de las plantas para realizar su crecimiento?
5. ¿Cómo se verifica en las plantas la transpiración?
6. Definid los términos fototropismo y geotropismo.
7. ¿Todas las plantas crecen de la misma forma?
8. ¿Cómo se produce el crecimiento en grosor y en altura de los árboles?
9. ¿Qué son las yemas de crecimiento?

MATERIAL

-Tijeras.
-Caja de zapatos.
-Semillas de habichuela y guisante.
-Agua.
-Cuaderno de notas.
-Papel de filtro o secante.
-Aceite de cocina.
-Tejido de lana (franela).

-Frigorífico.
-Bolsas de plástico transparente.
-Botes de vidrio (Tarros de mermelada)
-Un plato.
-Un vaso.
-Regadera.
-Cámara fotográfica.
-Algodón en rama.
-Alfiler.
-Corcho.
-Cartulinas.

METODOLOGÍA

Experimento 1: Sin humedad no crecen las semillas.

1.1. Colocad unas semillas de habichuela en un bote de vidrio limpio en cuyo fondo   habréis colocado un trozo de tejido de lana (franela) seco.
1.2. Esperad una semana y observaréis que las semillas no crecen.

Experimento 2: Sin oxígeno no crecen las semillas.

2.1. Echad agua hervida sobre las semillas (hirviendo el agua se desprende
    todo el oxígeno contenido en ella).
2.2. Cubrid el agua con una fina capa de aceite de cocina, el cual evitará
    que penetre el oxígeno de la atmósfera.
2.3. Esperad una semana y observaréis que las semillas no crecen.

Experimento 3: Las semillas necesitan una determinada temperatura y ventilación para crecer.

3.1. Introducid en un tarro de vidrio unas semillas de habichuela
    con un trozo de franela en el fondo y agua.
3.2. Meted el tarro en el frigorífico.
3.3. Esperad una semana y observaréis que las semillas no germinan.

Experimento 4: Las plantas transpiran (sus hojas desprenden agua).

4.1. Cubrid una planta de maceta con una bolsa de plástico transparente
    y cerrad bien la bolsa.
4.2. Esperad unas horas y observaréis que el interior de la bolsa queda cubierto
    de pequeñas gotas de agua que son el producto de la transpiración.

Experimento 5: La raíz crece buscando el suelo y el tallo crece en sentido opuesto al suelo.

5.1. Coged una semilla de guisante e introducidla en un bote de vidrio
    en el que habéis puesto previamente algodones húmedos.
5.2. Dejad que germine la planta hasta que su raíz y tallo tengan

aproximadamente
   2 cm de longitud.
5.3. Poned algodón húmedo sobre un plato.
5.4. Colocad un trozo de corcho sobre el algodón.
5.5. Colocad un vaso sobre el plato con el objeto de que se cree una atmósfera húmeda.
5.6. Pinchad el guisante con un alfiler al corcho, de tal forma, que el tallito quede hacia abajo y la raicilla apunte hacia arriba.
5.7. Esperad unos días y observaréis que el tallo se encorva hacia arriba en sentido opuesto al suelo (geotropismo negativo) , y que por el contrario,
   la raíz se curva hacia abajo buscando el suelo (geotropismo positivo).

Experimento 6: El tallo crece buscando la luz.

6.1. Sembrad unos granos de trigo en un recipiente pequeño (tapadera de un tarro
   de mermelada, por ejemplo) con tierra de maceta.
6.2. Dejad que germinen los granos hasta que los tallitos alcancen
   una longitud aproximada de 2 cm sobre la tierra.
6.3. Meted el tarro, con las semillas así germinadas, en una caja de zapatos
   a la que previamente habéis practicado un orificio en una de sus caras laterales (diámetro del orificio: 1,5 cm). Este orificio será el único lugar por donde la planta recibirá la luz.
6.4. Esperad una semana (mientras tanto, regad el tarro para que no se pierda humedad) y observaréis que los tallitos han crecido en la dirección
   de la luz (fototropismo positivo).

ACTIVIDADES COMPLEMENTARIAS

1. Preparad todos los experimentos necesarios para observar el crecimiento
   y transpiración de las plantas, tal como se indica en la metodología.
   Realizad, posteriormente, los diferentes experimentos. Anotad
   vuestras observaciones sobre estos experimentos en el cuaderno de notas.
2. Haced dibujos o fotografías de vuestras observaciones.
3. Realizad un mural con las conclusiones obtenidas de vuestras observaciones (incluid vuestros dibujos y fotografías). Mostrad el mural a vuestros compañeros/as.
 4. Realizad un mural con todos los pasos necesarios para el estudio
   del crecimiento y transpiración de las plantas (incluid dibujos). Mostrad
   el mural a vuestros compañeros/as.

TRANSPIRACIÓN DE LAS PLANTAS

LA GERMINACIÓN DE SEMILLAS

INTRODUCCIÓN

Las semillas germinan siguiendo un proceso en el que, en primer lugar, se produce un aumento de volumen de la semilla debido a la absorción de agua, después, se produce la rotura del tegumento que al abrirse deja los cotiledones al descubierto. Posteriormente, se separan los cotiledones y empiezan a verse las raicillas y el tallito, y así sucesivamente, el desarrollo de los demás órganos de la planta.

OBJETIVO

Con esta actividad pretendemos que observéis la germinación de diferentes semillas.

ACTIVIDADES INICIALES

1. ¿Qué significa el término germinación?
2. Inventad un método para estudiar la germinación de las semillas.
3. ¿Para qué puede servir el conocer la germinación de las semillas?
4. ¿Qué significa que las semillas germinan siguiendo un proceso?
5. Definid: Tegumento y cotiledones.
6. ¿Cuáles son los órganos de las plantas?¿Cuál es la función de cada uno de ellos?

MATERIAL

-Semillas de habichuela, garbanzo y lenteja.
-Tarritos de vidrio (yogur).
-Cartulina.
-Algodón no graso.
-Cámara fotográfica.
-Cuaderno de notas.

METODOLOGÍA

1. Colocad 2 ó 3 semillas de garbanzo en un tarrito de vidrio, inmersas entre algodón no graso humedecido. Procurad que no haya mucha agua en los algodones para evitar, así, la putrefacción de las semillas.
2. Colocad el tarrito con las semillas en un lugar abrigado y ventilado.
3. Haced lo mismo para las semillas de habichuela y lenteja.
4. Observad la germinación durante dos semanas (diariamente) y anotad vuestras observaciones en el cuaderno de notas.

ACTIVIDADES COMPLEMENTARIAS

1. Preparad todo lo necesario para observar la germinación de diferentes semillas, tal como se indica en la metodología. Haced observaciones sobre la germinación de las mismas. Realizad dibujos y fotografías, diariamente, sobre la evolución de las semillas.
2. Haced un mural con las notas de vuestras observaciones diarias. Incluid las fotografías y dibujos. Mostrad el mural a vuestros compañeros/as.
3. Realizad un mural con todos los pasos necesarios para el estudio de la germinación de semillas (incluid dibujos). Mostrad el mural a vuestros compañeros/as.

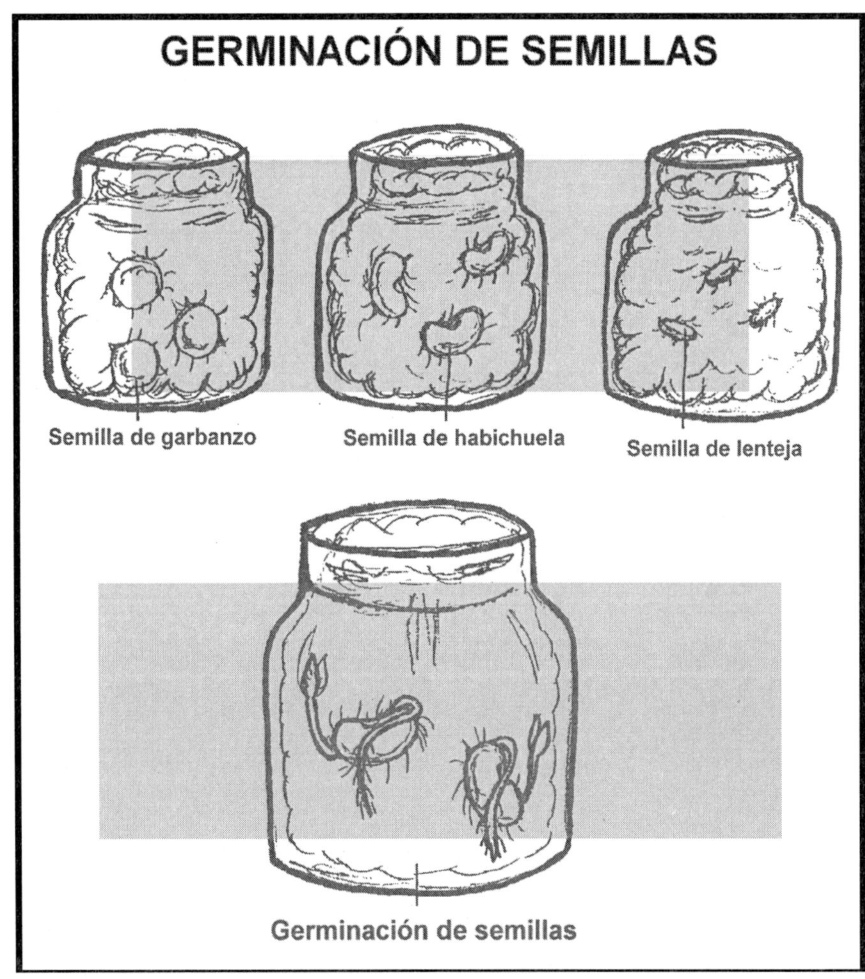

CÓMO SE HACE UN HERBARIO

INTRODUCCIÓN

Una colección de plantas recibe el nombre de herbario. Los herbarios sirven para conservar las plantas, poder estudiarlas con minuciosidad y poder recurrir a ellas en el momento que las necesitemos, incluso en épocas en las que esas plantas estén en el estado de semillas o aún no tengan flores. Para la conservación de las plantas es preciso secarlas sin estropear sus colores y órganos, de lo contrario se pudrirían con el moho.

OBJETIVO

Con esta actividad pretendemos que aprendáis a realizar un herbario.

ACTIVIDADES INICIALES

1. ¿Qué es un herbario?¿Para qué sirve?
2. Inventad un método para hacer un herbario.
3. ¿Por qué se pueden estropear las plantas de un herbario?
4. ¿Los herbarios de árboles y arbustos se hacen igual que los de plantas herbáceas?¿Por qué?
5. ¿Qué es la Botánica?
6. ¿Por qué son importantes los herbarios para los botánicos?
7. ¿Cuándo se recolectan plantas para un herbario se deben cortar indiscriminadamente?¿Quién se beneficia y quién se perjudica
   con esta forma de actuar?
8. ¿Cuál es la época idónea para recolectar plantas para un herbario?¿Por qué?

MATERIAL

-Cartón fuerte.
-Folios.
-Rotulador permanente.
-Cinta adhesiva transparente.
-Tijeras.
-Hojas de periódico viejas.
-Cuaderno de notas.
-Dos rectángulos de madera de 3 x 50 x 40 cm.
-Cartulina.
-Libros.
-Guías de plantas.

METODOLOGÍA

Es importante que las plantas se recolecten con raíz, tallo, hojas y flores; si se trata de árboles y arbustos, coged una rama con hojas y flores.

1. Colocad la planta (una vez recolectada) entre dos hojas de periódico procurando colocar muy bien las hojas y las flores.
2. Poned las plantas, así dispuestas, unas sobre otras.
3. Meted las plantas entre dos rectángulos de madera y poned encima un montón de libros.
4. Renovad todos los días las hojas de papel de periódico hasta que observéis que las plantas están totalmente secas.
5. Fijad la planta (una vez seca) sobre cartulina (recortada al tamaño adecuado para esa planta) con tiras de cinta adhesiva.
6. Pegad una etiqueta en el extremo inferior de la cartulina sobre la que se encuentra la planta. En la etiqueta debe aparecer el lugar, la fecha de recogida, el nombre del recolector y los nombres vulgar y científico de la planta (ayudaos de guías de plantas).
7. Meted las plantas en un estuche o caja que os podéis fabricar vosotros mismos (ver figura). Es importante poner dentro de la caja unas bolas de naftalina para evitar que los insectos deterioren las plantas.
8. Guardad el herbario en un lugar seco.

ACTIVIDADES COMPLEMENTARIAS

1. Realizad vuestro propio herbario con las plantas de vuestra ciudad y alrededores. Mostrad el herbario a vuestros compañeros/as.
2. Haced un mural con todos los pasos necesarios para confeccionar un herbario (incluid dibujos). Mostrad el mural a vuestros compañeros/as.

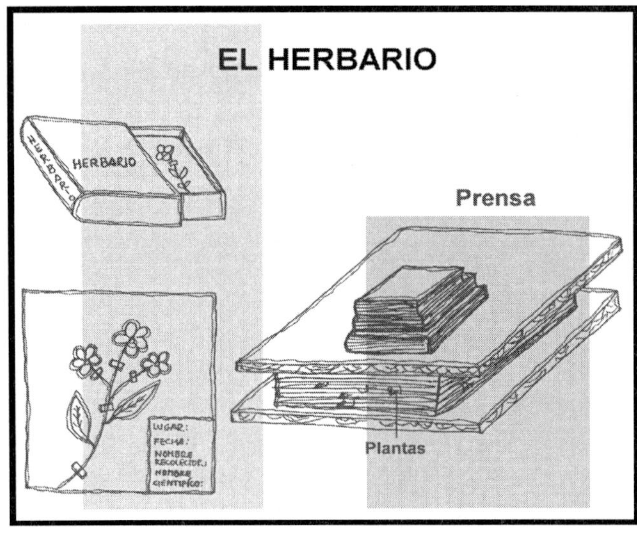

ESTUDIO DE LOS PISOS DE VEGETACIÓN EN FUNCIÓN DE LA ALTURA

INTRODUCCIÓN

Los pisos de vegetación se deben a una zonación climática, en función de la altura, que se produce en las montañas.

En todas las montañas se produce una disminución de la temperatura (1º C por cada 200 m) y un aumento de la pluviosidad a medida que se asciende en altura. Este cambio climático afecta a la vegetación, de tal forma, que se dispone en franjas o pisos según las distintas alturas de la montaña. En las laderas orientadas al sur o solanas se favorece la aparición de especies termófilas, mientras que en las laderas orientadas al norte o umbrías se sitúan vegetales umbrófilos que están adaptados al clima húmedo y fresco. Los diagramas en los que se representan los pisos de vegetación reciben el nombre de **catenas**.

OBJETIVO

Con esta actividad pretendemos que aprendáis a realizar un estudio de la distribución de la vegetación con la altura.

ACTIVIDADES INICIALES

1. ¿Qué son los pisos de vegetación?
2. Inventad un método para estudiar los pisos de vegetación en función de la altura.
3. ¿Para qué puede servir el conocer los pisos de vegetación en función de la altura?
4. ¿A qué se debe la existencia de diferentes pisos de vegetación?
5. Definid: Especies termófilas y especies umbrófilas.
6. Escribid el nombre de algunas especies termófilas y otras umbrófilas.
7. ¿Qué es una catena?
8. ¿Puede la intervención de las personas modificar la distribución natural de las especies vegetales?¿Cómo?

MATERIAL

-Guía o clave de plantas.
-Altímetro.
-Cuaderno de notas.
-Cartulina.
-Cámara fotográfica.

METODOLOGÍA

En el Planeta se puede observar una zonación de la vegetación en función de la latitud, que permite diferenciar grandes áreas de vegetación. Pero, además, se puede observar otra zonación en función de la altura. En las montañas de clima templado-húmedo, podemos encontrar los siguientes pisos de vegetación:

-Piso basal: Tierras de cultivo; ocasionalmente bosques de robles y castaños.
-Piso montano: Bosques planocaducifolios (robles y hayas) y de coníferas.
Este piso presenta, a su vez, una subzonación:
Bosque planocaducifolio: Con las hayas a nivel superior que los robles.
Piso de las coníferas o de los bosques aciculifolios (con las hojas en forma de agujas).
-Piso alpino: Praderas naturales. Este piso, en las zonas montañosas, se extiende desde el límite superior de las coníferas hasta el límite de las nieves perpetuas.
Esta zonación varía de unas montañas a otras, ya que:
-No todas tienen la misma altura.
-Presentan una no uniformidad de las condiciones climáticas (incluso dentro del mismo macizo montañoso).
-La intervención del hombre modifica la distribución natural de las especies vegetales.

En la región mediterránea es frecuente encontrar estos pisos de vegetación, pero puede haber una zonación de especies de la misma familia.

Las alturas correspondientes a cada piso aparecen reflejadas en la figura.

Los **pasos a seguir para realizar el estudio de los pisos de vegetación en función de la altura** serían los siguientes:

1. Visitad una montaña.
2. Identificad, con ayuda de una clave o guía de plantas, las especies que hay en cada piso. Tomad fotografías o realizad dibujos de las especies que encontréis.
3. Anotad, con ayuda del altímetro, la altura a la que se encuentra cada nivel.
4. Realizad un diagrama esquemático o catena de la zona bajo estudio.
5. Describid las diferencias morfológicas que observéis entre los ejemplares de la misma especie.
6. Averiguad las causas que pueden provocar estas diferencias morfológicas.

ACTIVIDADES COMPLEMENTARIAS

1. Haced un estudio de los pisos de vegetación en función de la altura en una montaña de los alrededores de vuestra ciudad.

2. Realizad un mural con vuestras observaciones. (Incluid catena, dibujos o fotografías, así como, vuestras conclusiones). Mostrad el mural a vuestros compañeros/as.

3. Haced un mural con todos los pasos a seguir para realizar el estudio de los pisos de vegetación en función de la altura (incluid dibujos). Mostrad el mural a vuestros compañeros/as.

Observad la siguiente catena correspondiente a los pisos de vegetación de las montañas de clima templado-húmedo (en la región mediterránea es frecuente encontrar estos pisos de vegetación).

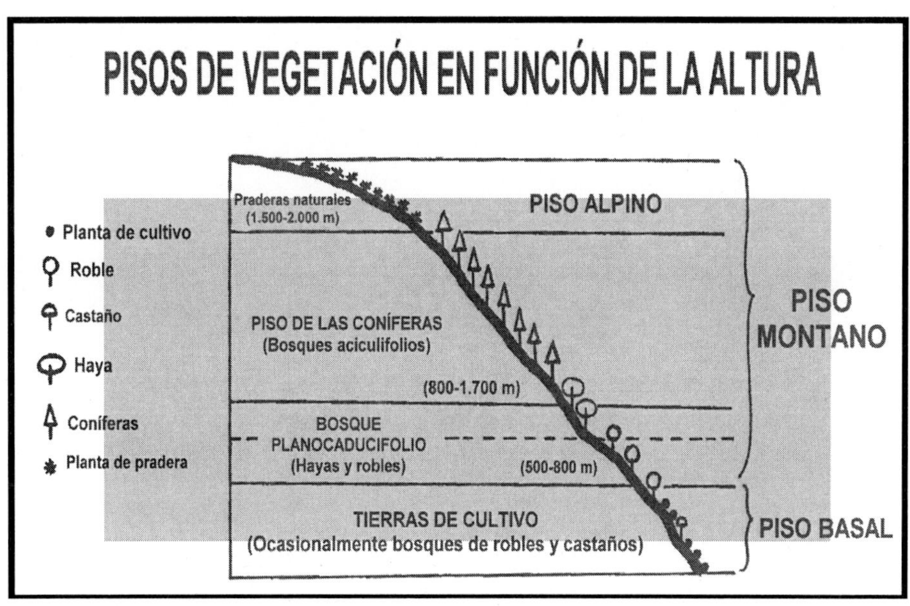

SUELO

LAS PLANTAS
PREVIENEN LA EROSIÓN DEL SUELO

INTRODUCCIÓN

La vegetación defiende al suelo de la erosión:

-Frena las gotas de lluvia y hace que éstas desciendan más suavemente disminuyendo el impacto sobre el suelo.
-Sus raíces sujetan el suelo.
-Cuando caen sus hojas al suelo (materia orgánica en diversos grados
  de transformación) se mezcla con las partículas minerales del suelo formándose
  una estructura esponjosa que absorbe gran parte del agua de las lluvias, evitando, así, la escorrentía y por consiguiente la erosión del suelo.

Por el contrario, **cuando desaparece la vegetación:**

-El suelo es arrastrado por la lluvia ya que no dispone de la estructura esponjosa
  de vegetación.
-El suelo está menos sujeto al no existir raíces de plantas.
-El impacto de la lluvia es mucho mayor al no haber cubierta vegetal que la frene.
-El agua no se absorbe y aumenta, por consiguiente, la erosión del suelo.
-Al no absorberse el agua disminuyen los recursos de agua en el subsuelo.

OBJETIVO

Con esta actividad pretendemos que apreciéis la importancia de las plantas para el suelo.

ACTIVIDADES INICIALES

1. ¿Qué es el suelo?
2. ¿Qué estudia la Edafología?
3. ¿En qué consiste la erosión del suelo?
4. Inventad un método para prevenir la erosión del suelo.
5. ¿Quién se beneficia y quién se perjudica con la erosión del suelo?
6. ¿La vegetación defiende al suelo de la erosión?¿Por qué?
7. Indicad algunos aspectos en los que la vegetación defienda al suelo de la erosión.
8. ¿Quién se beneficia y quién se perjudica de la buena conservación del suelo?
9. ¿Puede la lluvia erosionar el suelo?¿Cuándo?
10. ¿Es cierto que la vegetación puede frenar el avance de los desiertos?¿Por qué?

11. ¿La vegetación favorece los recursos de agua en el subsuelo?¿Por qué?

12. ¿Es lo mismo desertización que desertificación?¿Por qué?

MATERIAL

-Embudo.
-Tijeras.
-Cubeta.
-Probeta.
-Papel de filtro.
-Vaso de precipitados.
-Porción de terreno herbáceo.
-Porción de terreno descubierto.
-Segueta.
-Madera.
-Regadera.
-Cuaderno de notas.
-Cartulina.
-Papel de aluminio.

METODOLOGÍA

1. Construid dos cajas de madera de 40 x 20 x 10 cm.
2. Haced, con ayuda de la segueta, una sección en forma de **V** con una profundidad de unos 4 cm en el centro de un extremo de cada caja.
    En la parte inferior
    de las cajas (en la parte opuesta a la **V**) poned dos pies de unos 10 cm
    de longitud con objeto de que las cajas presenten una cierta inclinación.
3. Forrad cada caja con papel de aluminio.
4. Colocad en una caja una porción de terreno herbáceo y en la otra una porción
    de terreno descubierto.
5. Colocad ambas cajas paralalelamente sobre una mesa de laboratorio con la **V**
justo en el extremo de la mesa.
6. Colocad una cubeta debajo de cada una de las cajas.
7. Verted, simultáneamente, agua con ayuda de las regaderas y desde una
altura de 20 cm. Debéis verter el agua desde el extremo de mayor pendiente
    y por el centro de la caja. El vertido acabará cuando se termine toda el agua
    de las regaderas.
8. Inmediatamente después de terminar esta operación, retirad las cubetas
marcando sobre cada una de ellas a que caja corresponde.

Observaréis que el agua de la cubeta correspondiente a la porción herbácea está
más limpia que la que corresponde a la de porción de terreno descubierto.
Observaréis, también, que la cantidad de agua recogida en la cubeta del

terreno herbáceo es menor que la recogida en la cubeta del terreno descubierto, para   comprobarlo:
Medid con una probeta los centímetros cúbicos (cc) recogidos en la cubeta del terreno herbáceo y anotadlos en vuestro cuaderno; para medir la cantidad de agua recogida en la cubeta del terreno descubierto, filtrad el agua que está mezclada con la tierra ; para ello, poned papel de filtro sobre un embudo que a su vez estará posado sobre un vaso de precipitados, echad la mezcla de agua y tierra y recoged el agua que quede en el vaso de precipitados. Después, con la ayuda de la probeta, medid el volumen en cc, y comparadlo con el volumen de agua de la otra cubeta.

ACTIVIDADES COMPLEMENTARIAS

1. Preparad todo lo necesario para apreciar la importancia de las plantas
   para el suelo, tal como se indica en la metodología. Observad lo que ocurre
   en el experimento. Anotad vuestras observaciones sobre el experimento
   en el cuaderno de notas.
2. Realizad un mural con vuestras conclusiones (incluid dibujos
   de la experiencia). Mostrad el mural a vuestros compañeros/as.
3. Haced un mural con todos los pasos necesarios para observar, de forma
sencilla, que las plantas previenen la erosión del suelo (incluid dibujos).
Mostrad el mural a vuestros compañeros/as.

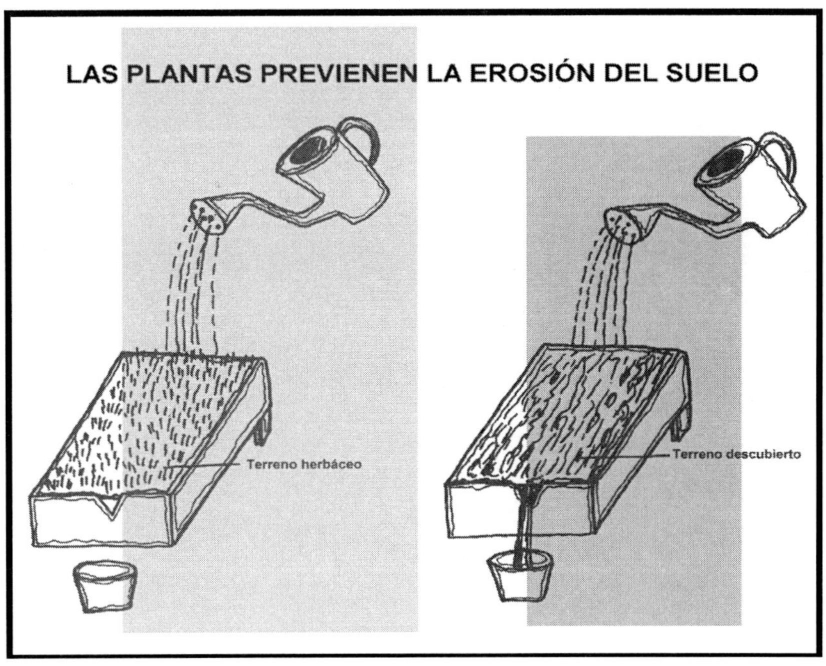

EL TIPO DE SUELO
Y EL DESARROLLO DE LAS PLANTAS

INTRODUCCIÓN

Los factores que caracterizan un suelo son: La estructura física y la composición química, teniendo ambos gran importancia para todos los organismos que desarrollan su vida en la tierra.

La estructura física de un suelo depende de su textura, es decir, del grosor de las partículas que lo forman (gravas, arenas, limos, arcillas) y de su porosidad, es decir, de la cantidad de huecos que tiene el suelo, que son muy importantes para que circulen el agua y el aire.

La composición química depende del agua que circula por el suelo y de las sustancias minerales disueltas en forma de iones que las plantas emplean para su nutrición. Los iones de calcio condicionan la presencia de algunas especies vegetales (espliego, aulaga, etc.) las cuales precisan para vivir suelos ricos en calcio; mientras que otras plantas (castaño, abedul, etc.) no pueden vivir en suelos ricos en calcio.

En los lugares donde abundan los restos orgánicos nitrogenados (bordes de caminos, escombros, establos, etc.) el suelo es rico en iones nitrato; estos suelos son los preferidos por las amapolas, los jaramagos y los cardos.

Los distintos tipos de iones confieren al suelo unas características químicas que condicionan el crecimiento de determinadas especies vegetales.

OBJETIVO

Con esta actividad pretendemos que observéis el desarrollo de las plantas según el tipo de suelo.

ACTIVIDADES INICIALES

1. ¿Cuáles son los factores que caracterizan un suelo?
2. Definid: Textura y porosidad.
3. ¿Qué tipos de suelos conocéis?
4. ¿De qué factores depende la composición química de un suelo?
5. ¿Es cierto que cada tipo de planta prefiere un determinado tipo de suelo?
   ¿Por qué?

MATERIAL

-Tarros de lata del mismo tamaño.
-Distintos tipos de suelo:
 Tierra de maceta, tierra con humus, tierra arenosa, tierra arcillosa.
-Paleta para sembrar.
-Regadera.
-Agua del grifo.

-Cuaderno de notas.
-Cámara fotográfica.
-Cartulina.
-Rotulador permanente.
-Clavo grande.
-Martillo.

METODOLOGÍA

Experimento 1: Desarrollo de una planta en distintos tipos de suelo.

1.1. Coged 4 tarros de lata y practicadles un orificio en la cara inferior,
ayudándoos de un clavo grande y de un martillo, con el objeto
de que puedan drenar el agua.
1.2. Rellenad cada tarro con un tipo distinto de tierra (de maceta, arenosa,
con humus y arcillosa).
1.3. Marcad cada tarro (utilizando rotulador permanente) con el nombre
del tipo de tierra que contiene.
1.4. Sembrad la misma especie de planta en cada tarro y en el mismo momento.
1.5. Colocad las plantas en un lugar donde todas estén sometidas a las mismas
condiciones de temperatura, luz, humedad, etc. (Cuando las reguéis poned
la misma cantidad de agua en cada tarro).
1.6. Seguid su desarrollo diariamente durante un mes y anotad los cambios
en vuestro cuaderno de notas.

Experimento 2: Desarrollo de distintas plantas en el mismo tipo de suelo.

2.1. Coged 12 tarros con las mismas características del **experimento 1**
y rellenad 3 de ellos con tierra de maceta, otros 3 con tierra con humus,
otros 3 con tierra arenosa y los 3 últimos con tierra arcillosa.
2.2. Sembrad en los 3 tarros con tierra de maceta una planta distinta
en cada uno de ellos y en el mismo momento.
Proceded de la misma forma para los tarros que contienen los otros tipos
de tierra.
2.3. Marcad cada tarro (utilizando rotulador permanente) con el nombre
del tipo de tierra y el nombre de la planta que se ha sembrado.
2.4. Colocad las plantas en un lugar donde todas estén sometidas a las mismas
condiciones de temperatura, luz, humedad, etc.
(Cuando las reguéis poned la misma cantidad de agua en cada tarro).
2.5. Seguid su desarrollo diariamente durante un mes y anotad los cambios
en vuestro cuaderno.

ACTIVIDADES COMPLEMENTARIAS

1. Preparad todo lo necesario para observar el desarrollo de las plantas
según el tipo de suelo, tal como se indica en la metodología.
Realizad vuestras observaciones. Haced una tabla y anotad vuestras
observaciones diarias en ella.

2. Realizad fotografías cada semana para poder visualizar después los cambios producidos.

3. Haced una puesta en común sobre los resultados obtenidos y sacad conclusiones.

4. Anotad vuestras conclusiones de grupo en el cuaderno de notas.

5. Haced un mural con todas vuestras observaciones y conclusiones (incluid la tabla y las fotografías realizadas). Mostrad el mural a vuestros compañeros/as.

6. Investigad sobre los tipos de suelo de vuestra zona.

7. Haced un mural con todos los pasos necesarios para el estudio del tipo de suelo y el desarrollo de las plantas (incluid dibujos). Mostrad el mural a vuestros compañeros/as.

MÉTODOS PARA LA OBTENCIÓN DE ALGUNOS DATOS SOBRE EL SUELO

INTRODUCCIÓN

Los geólogos consideran el suelo como la acumulación de material meteorizado suelto que cubre gran parte de la superficie terrestre hasta una profundidad que puede oscilar entre una fracción de centímetro y muchos metros.

El suelo es esencialmente una mezcla, en proporción variable, de materia orgánica (en gran parte vegetal), que recibe el nombre de humus, y partículas inorgánicas (minerales) provenientes de la meteorización de las rocas.

Los factores climáticos controlan estrechamente la meteorización y la cubierta vegetal. Por ello, la distribución de los distintos tipos de suelo es marcadamente paralela a la distribución de los distintos tipos de climas. Pero bajo condiciones climáticas uniformes, los suelos pueden cambiar también considerablemente debido a las diferencias existentes en las rocas subyacentes.

Hoy conocemos métodos sencillos que permiten obtener algunos datos sobre el suelo, que nos ayudarán a diferenciar unos suelos de otros.

OBJETIVO

Con esta actividad pretendemos que aprendáis algunos métodos para la obtención de datos sobre el suelo.

ACTIVIDADES INICIALES

1. Definid: pH, carbonato, permeabilidad y humus.
2. ¿Para qué puede servir obtener datos sobre el suelo?
3. ¿El suelo existe desde siempre?¿Cómo se ha formado?
4. ¿Existen interacciones entre clima y suelo?¿Y entre vegetación y suelo? ¿Cuáles?
5. ¿Cómo valoráis la enorme pérdida de suelo que se produce en muchas zonas de la Tierra?
6. ¿Quién se beneficia y quién se perjudica con la pérdida de suelo?
7. ¿Qué ocurriría si desapareciese todo el suelo de la Tierra?
8. ¿Las personas provocamos destrucción del suelo?¿Cómo?

MATERIAL

-Acido clorhídrico (HCl).
-Agua destilada.
-Un trozo de carbonato cálcico (Ca Co_3).
-Tubos de ensayo grandes.
-Papel indicador de pH.
-Tabla de colores de pH.
-Tubo de plástico o de vidrio transparente, abierto por ambos extremos.

-Rotulador permanente.
-Regla graduada en cm.
-Estufa.
-Solución amoniacal al 2%.
-Muestras de suelo.
-Cronómetro.
-Cuaderno de notas.
-Cartulina.

METODOLOGÍA

Experimento 1: Medición del pH del suelo.

El pH, o concentración de iones hidrógeno, es un factor muy importante en el suelo. El pH ideal para la gran mayoría de las plantas es el pH=7 o pH neutro. Hay especies vegetales que se desarrollan en medios ácidos (acidófilas) y otras en medios básicos (basófilas). Otras plantas pueden vivir en cualquier tipo de suelos, son las llamadas indiferentes edáficas.

1.1. Depositad una muestra de suelo en un tubo de ensayo.
1.2. Echad agua destilada sobre la muestra.
1.3. Agitad el tubo de ensayo.
1.4. Dejad reposar hasta que el agua no esté turbia.
1.5. Sumergid un trozo de papel indicador de pH en el agua.
1.6. Sacad el papel indicador y comparad el color que toma con la tabla de colores
    de pH.
    De esta forma obtendremos un valor aproximado del pH del suelo.

Experimento 2: Evidenciar la presencia de carbonatos en el suelo.

2.1. Diluid, ácido clorhídrico y agua destilada, a partes iguales.
2.2. Depositad una muestra de suelo en un tubo de ensayo.
2.3. Echad unas gotas de disolución sobre la muestra de suelo.
    Si se produce efervescencia el suelo contiene carbonatos.

Experimento 3: Medición de la permeabilidad de un suelo.

Hay una serie de factores que influyen en la permeabilidad del suelo:
-Tamaño de las partículas que forman el suelo y porcentaje de cada
 una de ellas respecto al total.
-Modo de unión de las partículas del suelo.
-Porcentaje de espacios libres en el suelo, que influye en la capacidad
 de retención de agua y es muy importante para que los vegetales resistan
 la época de sequía.

3.1. Buscad un terreno determinado.
3.2. Coged un tubo rígido de plástico o vidrio transparente y abierto
    por ambos extremos.

3.3. Marcad una graduación (ayudaos de una regla graduada en cm
     y de rotulador permanente)
3.4. Introducid un extremo del tubo (1 cm) sobre la superficie del suelo.
3.5. Llenad de agua hasta cierto nivel.
3.6. Anotad en vuestro cuaderno de notas (ayudándoos de un cronómetro)
     el tiempo que tarda el agua, situada entre dos marcas, en penetrar en el
suelo.
3.7. Repetid esta operación (siguiendo idéntico protocolo) para distintos tipos
     de suelo.
3.8. Comparad la permeabilidad de estos suelos. Será más permeable el suelo
     que absorba la misma cantidad de agua en menos tiempo.

Experimento 4: Valoración de la cantidad de humus en un suelo.

El humus se origina a lo largo de la evolución del suelo. El tipo de humus se
debe a la actividad de los seres vivos sobre los restos orgánicos (hojarasca,
animales muertos, etc.) que se mineralizan y humifican. El tipo de humus
depende de factores como el clima, la vegetación, la topografía del terreno y el
tipo de roca madre.

4.1. Tomad una muestra de 2 gramos de suelo.
4.2. Secad la muestra con una estufa.
4.3. Colocad, en un tubo de ensayo grande, 10 cc de solución amoniacal al 2%.
4.4. Colocad la muestra de suelo sobre la solución amoniacal.
4.5. Esperad a que las partículas grandes se depositen en el fondo del tubo
     de ensayo.
4.6. Observad el color que adquiere la solución.

El color de la solución nos indica el contenido de humus que tiene un suelo. El
color puede ser desde el transparente hasta el negro opaco, pasando por
distintas tonalidades del pardo; de tal forma que, si el color de la solución es
transparente nos indica ausencia de humus y si es negro opaco nos indica que el
suelo es muy rico en humus. Las tonalidades cuánto más pardas nos indican
mayor cantidad de humus.
En función de lo expuesto, podéis hacer vuestra propia tabla sobre el contenido
de humus de un suelo aplicando un coeficiente a cada color de la solución, lo
cual os será muy útil a la hora de realizar estudios comparados.

ACTIVIDADES COMPLEMENTARIAS

1. Preparad todo lo necesario para la obtención de algunos datos sobre el suelo,
   tal como se indica en la metodología. Realizad los experimentos.
   Haced una puesta en común y sacad conclusiones de vuestras observaciones
   en cada experimento.
2. Haced un mural con los resultados obtenidos y vuestras conclusiones.
   Mostrad el mural a vuestros compañeros/as.
3. Realizad un mural con todos los pasos necesarios para obtener algunos datos
   sobre el suelo. Mostrad el mural a vuestros compañeros/as.

MÉTODOS PARA LA OBTENCIÓN DE ALGUNOS DATOS SOBRE EL SUELO

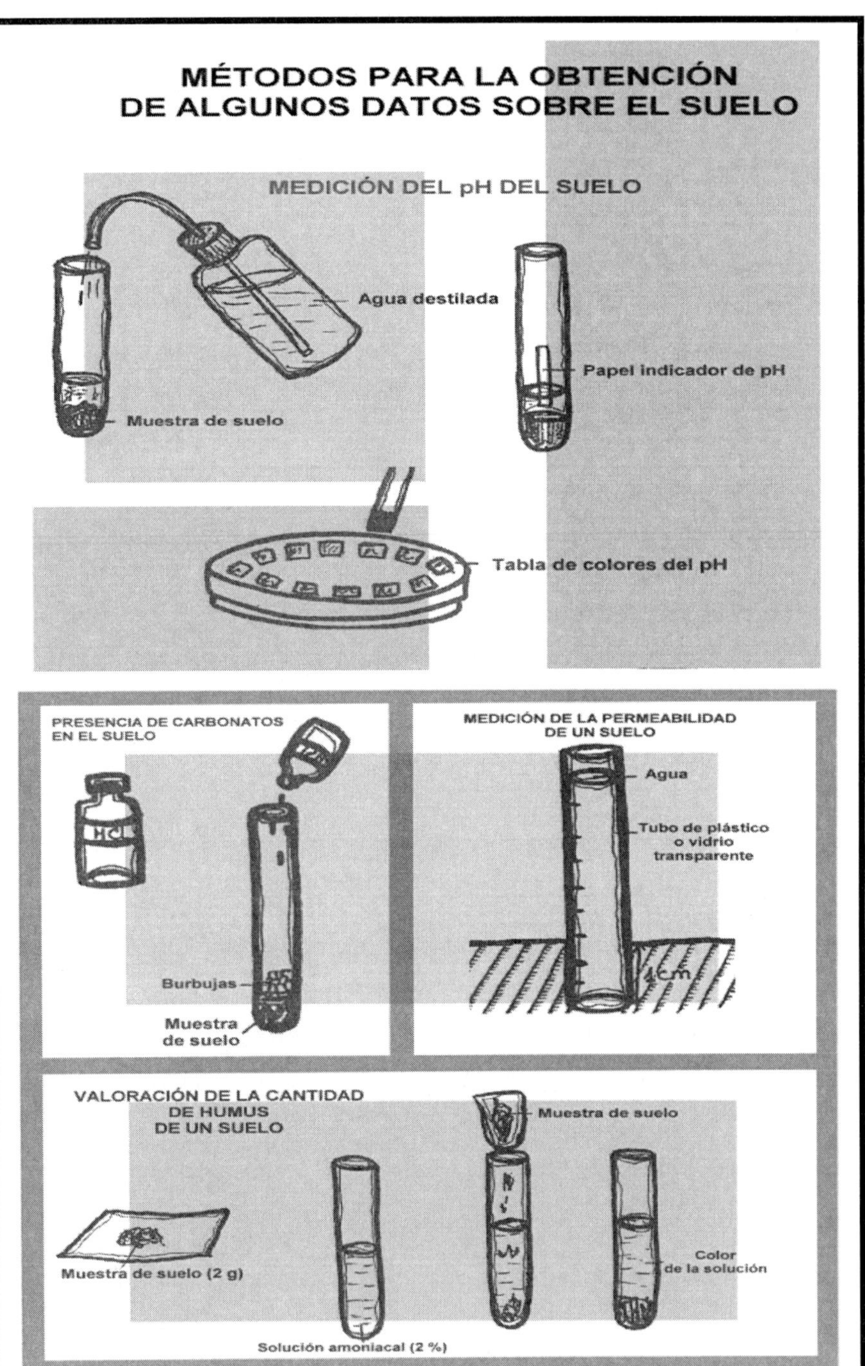

AGUA

EL CAMINO DEL AGUA POTABLE

INTRODUCCIÓN

El agua que sale por los diferentes grifos de nuestras casas es agua potable. La usamos para lavar la ropa, fregar los platos, regar las macetas, para la higiene corporal, para cocinar, etc. Cuando por cualquier circunstancia no disponemos de agua potable, apreciamos el gran valor de este tan preciado líquido para las diferentes actividades humanas. Seguramente, alguna vez os habéis preguntado de dónde procede el agua que llega a vuestras casas, qué tipo de tratamientos recibe y por dónde circula antes de salir por los grifos. Desgraciadamente, nuestras reservas de agua se ven amenazadas por la erosión del suelo provocada, en ocasiones, por actividades agrícolas, así como, por la contaminación industrial y minera.

OBJETIVO

Con esta actividad pretendemos que estudiéis el camino que recorre el agua potable hasta llegar a vuestro hogar.

ACTIVIDADES INICIALES

1. ¿Cuándo podemos decir que un agua es potable?
2. Inventad un método para averiguar el camino que sigue el agua potable de vuestra ciudad.
3. ¿Qué ocurriría en una ciudad si no se dispusiese de agua potable?
4. ¿Quién se beneficia del agua potable?¿Por qué?
5. ¿Para qué sirve el agua potable?
6. ¿Las actividades agrícolas, la contaminación industrial y la minería pueden afectar a nuestras reservas de agua?¿Cómo?
7. ¿A quiénes perjudican las enormes pérdidas de agua que se producen en las cañerías urbanas?

MATERIAL

-Cuaderno de notas.
-Cartulina.
-Cámara fotográfica.

METODOLOGÍA

1. Averiguad cuál es el lugar de procedencia del agua que abastece vuestra ciudad.
2. Informaos sobre el tipo de depuración que reciben las aguas antes de ser utilizadas por los ciudadanos.
3. Averiguad dónde se encuentra el tanque de servicio que recibe las aguas

ya depuradas antes de pasar a las cañerías urbanas que llevan el agua
hasta el grifo de vuestras casas.

ACTIVIDADES COMPLEMENTARIAS

Para realizar estas actividades recurrid a vuestro Ayuntamiento, a la compañía
de aguas, a la oficina del consumidor y al departamento de higiene de vuestra
ciudad, que, sin duda, os serán de gran ayuda.

1. Visitad el lugar de donde proceden las aguas que abastecen vuestra ciudad,
sacad fotografías y tomad notas.
2. Visitad la depuradora de aguas de vuestra ciudad, sacad fotografías
   de las diferentes partes de la depuradora y tomad notas de cada uno
   de los tratamientos que reciben las aguas.
3. Visitad el tanque de servicio de aguas de vuestra ciudad. Sacad fotografías
   y anotad vuestras observaciones.
4. Informaos de los tipos de amenazas que pueden afectar a las aguas de vuestra
ciudad (disminución de la cuenca hídrica, contaminación, etc.).
5. Informaos sobre las principales enfermedades que causa la contaminación
   de las aguas.
6. Realizad un esquema sobre el camino que recorre el agua desde su origen
   hasta el grifo de vuestra casa.
7. Realizad un mural sobre el camino del agua potable en vuestra ciudad
   (incluid vuestras notas, fotografías y esquemas). Mostrad el mural a vuestros
compañeros/as.

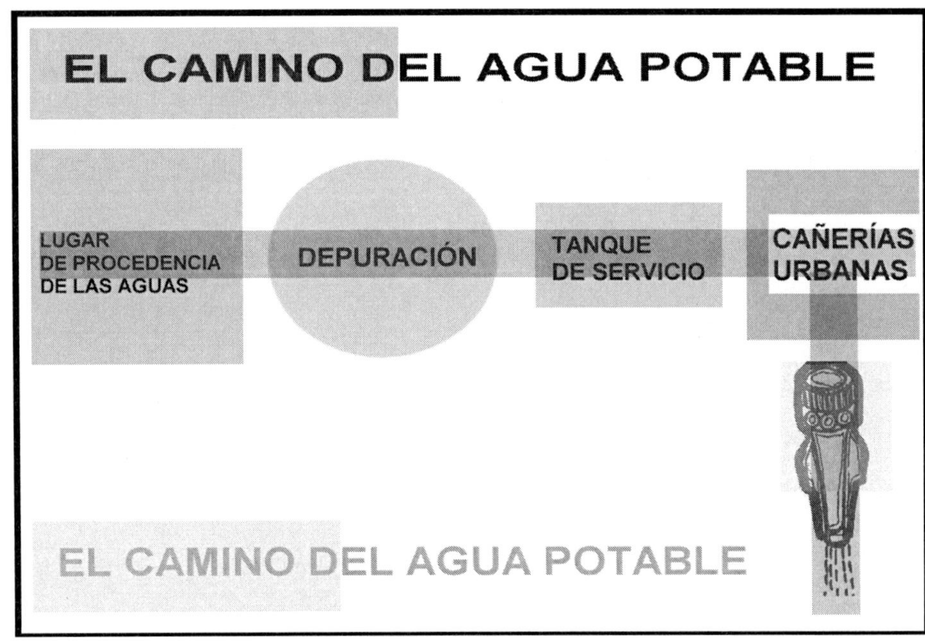

MEDICIÓN DE LA DUREZA
Y LA POTABILIDAD DE LAS AGUAS

INTRODUCCIÓN

La dureza del agua nos indica la cantidad de sales de calcio y magnesio que contiene. Si la cantidad de estas sales es alta se dice que el agua es dura y no produce espuma con el jabón. Si por el contrario, la cantidad de sales de calcio y magnesio es baja se dice que el agua es blanda y produce abundante espuma con el jabón.

El agua potable se puede usar para fines domésticos sin peligro para la salud. Por esto, es importante conocer el grado de potabilidad del agua. La no potabilidad del agua viene determinada por la presencia de materia orgánica en suspensión que permite la aparición de bacterias que la contaminan.

OBJETIVO

Con esta actividad pretendemos que aprendáis unos métodos sencillos para determinar el grado de dureza y potabilidad de las aguas.

ACTIVIDADES INICIALES

1. ¿Qué significa que un agua es dura? ¿Y que un agua es potable?
2. ¿Conocéis el nombre de algunas sales que se encuentren disueltas en el agua?
3. ¿Por qué se produce la no potabilidad de las aguas?
4. Inventad un método para medir la dureza del agua.
5. ¿Para qué puede servir el conocer la dureza y la potabilidad de las aguas?
6. Algunos pozos tienen aguas muy duras ¿A qué puede deberse esto?
7. ¿Intervienen las bacterias en la contaminación de las aguas? ¿Cómo?

MATERIAL

-Papel de filtro.
-Cuaderno de notas.
-Cartulina.
-Muestras de agua.
-Agua destilada.
-Cuentagotas.
-Tubos de ensayo.
-Una cuchara.
-Vaso de precipitados.
-Embudo.

-Solución alcohólica de jabón:
1. Rayad jabón hasta una cucharada.
2. Llenad hasta 1/3 de vaso de alcohol de 90º.
3. Disolved el jabón en el alcohol.
4. Calentad al baño maría sin parar de agitar.
5. Filtrad.
6. Echad el filtrado en un cuentagotas.

-Solución de permanganato potásico diluido:
1. Coged un cristal de permanganato potásico.
2. Echad el cristal en un tubo de ensayo.
3. Verted agua destilada hasta su total disolución.
4. Echad la disolución en un cuentagotas.

METODOLOGÍA

Experimento 1: Medición de la dureza del agua.

1.1. Echad 2 cc de agua (muestra) en un tubo de ensayo.
1.2. Añadid, gota a gota, la solución alcohólica de jabón sin parar de agitar.
1.3. Contad el número de gotas que echáis hasta que la espuma persista varios minutos.

Cuantas más gotas de solución tengáis que echar hasta que persista la espuma, más dura es el agua. De esta forma, podréis establecer vuestra escala relativa de dureza.

Experimento 2: Medición de la potabilidad del agua por la cantidad de materia orgánica en suspensión.

2.1. Coged 2 cc de agua (muestra) en un tubo de ensayo.
2.2. Añadid, gota a gota, la solución diluida de permanganato potásico hasta que el agua tome un color rosa pálido.
2.3. Tapad el tubo de ensayo con un trozo de cartulina y esperad media hora.

El agua será potable si al cabo de ese tiempo se mantiene rosada, que es indicativo de que no tiene materia orgánica.
Podemos establecer un grado de contaminación del agua:
a) Si se necesitaran pocas gotas de solución, se trataría de agua limpia y pura.
b) Si se necesitaran unos 0,5 cc de solución, se trataría de agua un poco contaminada.
c) Si hiciera falta más de 1 cc de solución, se trataría de agua muy contaminada.

ACTIVIDADES COMPLEMENTARIAS

1. Coged varias muestras de agua de vuestra ciudad: Fuentes, manantiales,
ríos, pantanos, casa, lluvia, mar, grifo, agua mineral, etc., y medid el
grado
de dureza y potabilidad.   Apuntad vuestros resultados en el cuaderno de
notas.
2. Tomad fotografías de las fuentes, manantiales, ríos, etc. de vuestra ciudad.
3. Realizad un mural con los resultados de vuestros análisis de dureza y
potabilidad; incluid las fotografías indicando debajo de cada una de ellas
el grado de contaminación y dureza que tienen las aguas que representan.
Mostrad el mural a vuestros compañeros/as.

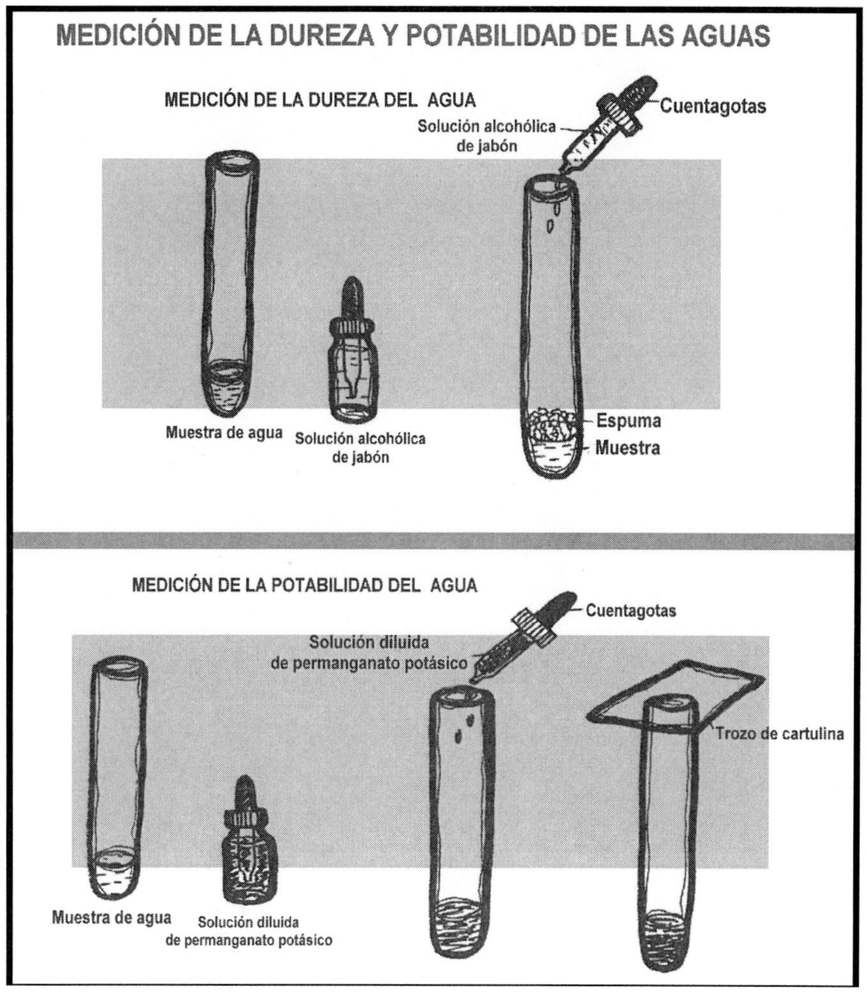

CÓMO QUITAR LA SAL A UN AGUA SALADA Y OBTENER AGUA POTABLE

INTRODUCCIÓN

El agua es una sustancia fundamental para la vida de las personas, los animales y las plantas. La mayor parte del agua que hay en nuestro Planeta es agua que contiene algún tipo de sal. La Naturaleza, a través del ciclo del agua, transforma el agua salada en dulce. Esto se debe a que al calentarse el agua por el sol se evapora sólo el agua, que asciende formando nubes, que al bajar las temperaturas, producen las precipitaciones en forma de lluvia, nieve o granizo, de esta forma, la mayor parte del agua dulce existente procede del agua del mar. El proceso mediante el cual quitamos la sal del agua para obtener agua dulce se llama destilación, que consiste en evaporar el agua (de la disolución agua sal) y volverla a condensar en forma de líquido.

OBJETIVO

Con esta actividad pretendemos que aprendáis a obtener agua potable a partir de agua salada.

ACTIVIDADES INICIALES

1. Inventad un método para quitar la sal a un agua salada.
2. ¿De qué manera transforma la Naturaleza el agua salada en agua dulce?
3. ¿Qué es la destilación?
4. ¿Por qué las personas necesitamos beber agua dulce y potable?
5. ¿Podría ser el mar una fuente inagotable de agua para el consumo humano?
   ¿Por qué? ¿Cómo?
6. ¿Hay suficiente agua dulce en el Planeta para satisfacer las necesidades
   de todas las personas?
7. ¿Conocéis algunas zonas de la Tierra que sufran sequía? ¿Cuáles?
   ¿Por qué la sufren?
8. ¿Qué es la lluvia ácida?
9. ¿Se puede beber siempre el agua de lluvia? ¿Por qué?

MATERIAL

-Un recipiente grande de vidrio.
-Un pincel o brocha.
-Pintura negra.
-Un vaso de vidrio.
-Un trozo de plástico transparente.
-Agua salada.
-Una piedra redondeada o canto rodado.

-Una goma elástica.
-Cuaderno de notas.
-Cartulina.

METODOLOGÍA

1. Pintad el recipiente grande de vidrio de color negro.
2. Echad dentro del recipiente el agua salada hasta una tercera parte del mismo.
3. Poned en el centro del recipiente el vaso de vidrio.
4. Cubrid el recipiente con el plástico transparente y sujetadlo con una goma elástica.
5. Poned el canto rodado en el centro del plástico, procurando que la curva
   que forma el plástico quede justo encima del vaso. De esta forma queda construido el **destilador**.
6. Poned el destilador al sol.

Los rayos del sol penetrarán a través del plástico calentando el agua y haciendo que ésta se evapore. El agua se condensará en la parte interior del plástico (una vez que se adquiere la temperatura adecuada para la condensación) formando pequeñas gotitas de agua pura que se deslizarán por el plástico y caerán, debido a la curvatura, en el vaso de vidrio. El agua del vaso de vidrio es ya agua potable.

ACTIVIDADES COMPLEMENTARIAS

1. Preparad todo lo necesario para obtener agua potable a partir de agua salada,
   tal como se indica en la metodología. Realizad observaciones de lo que ocurre.
Anotad vuestras observaciones sobre el experimento en el cuaderno de notas.
2. Realizad un mural con todos los pasos necesarios para quitar la sal a un agua salada y obtener agua potable (incluid dibujos). Mostrad el mural a vuestros compañero/as.
3. ¿Cómo se podría solucionar el problema de los países que sufren sequía?

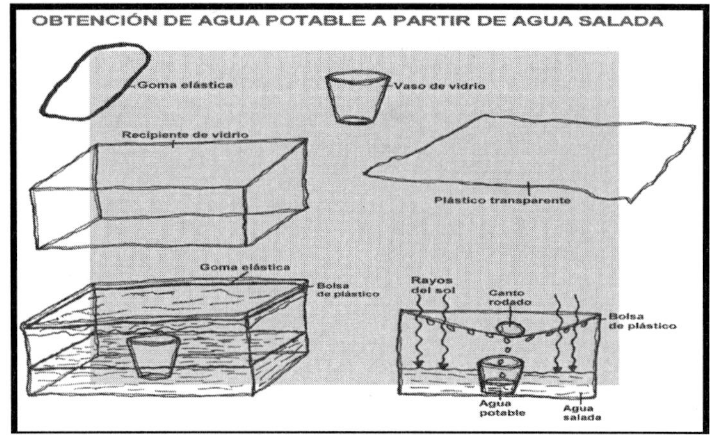

RESIDUOS

QUÉ PODEMOS HACER CON LOS RESIDUOS QUE SE PRODUCEN EN NUESTRAS CASAS

INTRODUCCIÓN

En nuestras casas entran gran cantidad de materiales diferentes: Los procedentes de la cesta de la compra (envases de vidrio, bolsas y envases de plástico, latas, cartón, gomas, pilas, etc.), de la correspondencia (cartas de familiares y amigos, comunicaciones de bancos, publicidad, etc.) y otros procedentes del material escolar (botes de pegamento, bolsas de plástico, cajas de lápices, correctores de escritura, pilas para la calculadora, etc.).
Afortunadamente, en las calles de nuestras ciudades es frecuente ver actualmente: Contenedores de vidrio, papel y cartón, contenedores de pilas, etc., cuya función es recoger estos materiales para su posterior reciclaje, con el consiguiente ahorro de energía para nosotros y para la Naturaleza. Si bien es cierto que en muchas de nuestras ciudades carecemos aún de contenedores de metales y plásticos.

OBJETIVO

Con esta actividad pretendemos que aprendáis a recoger los residuos que se generan en vuestras casas, de una forma organizada, bien sea para reutilizarlos vosotros mismos o llevarlos a los contenedores correspondientes.

ACTIVIDADES INICIALES

1. Enumerad algunos de los residuos que se producen en nuestras casas.
2. ¿Cómo valoráis la presencia de contenedores de vidrio, papel y cartón, pilas, etc., que se encuentran en algunas de nuestras ciudades?
3. ¿Quién se beneficia y quién se perjudica con el reciclaje de los residuos?
4. ¿Qué es mejor para la Naturaleza, reciclar mucho o consumir menos? ¿Por qué?
5. Inventad un método para reciclar algunos de los residuos que se producen en nuestras casas.
6. ¿Todos los residuos que se producen en nuestras casas son igual de contaminantes?
7. ¿Conocéis alguna forma de reciclaje de residuos sólidos?

MATERIAL

-Cuaderno de notas.
-Cartulina.
-Cámara fotográfica.

METODOLOGÍA

1. Para el almacenamiento del papel y cartón.

1.1. Coged una caja grande de cartón y colocadla en un lugar de vuestra
habitación donde no moleste.
1.2. Cuando desechéis el papel y el cartón, cortadlo en trozos (no arrugarlo)
   y tiradlo a la caja, de esta forma, todo el papel y cartón desechable se irá
acumulando en la caja ocupando el mínimo espacio.
1.3. Una vez que esté la caja llena, llevadla al contenedor de papel y cartón
   y echad todos los papeles y cartones que habéis desechado. Conservad
   la caja grande de cartón que os servirá para muchas otras ocasiones.
   Sería muy interesante, hacer lo mismo para los papeles y cartones
   que desecháis en vuestra aula y colegio.

2. Para almacenar las botellas de vidrio.

2.1. Coged las bolsas de plástico que llegan a vuestras casas procedentes
   de la compra de alimentos o de la compra de otros materiales.
2.2. Almacenadlas bien dobladas, utilizando como envase una de ellas.
2.3. Coged las botellas de vidrio y metedlas en estas bolsas; así será mucho
   más cómodo para su posterior transporte al contenedor.
   Es importante acostumbrarse a llevar los vidrios al contenedor al menos
   una vez por semana.

3. Para el almacenamiento de pilas.

3.1. Coged, al igual que para las botellas de vidrio, una bolsa de plástico para ir
almacenando las pilas en ella.
3.2. Una vez llena, llevadla al contenedor de pilas; conservad la bolsa para otros
usos. Es importante depositar cada tipo de pila en su lugar correspondiente,
dentro del contenedor destinado a tal fin.

4. Para los Plásticos.

Los plásticos son productos sintéticos que no se reintegran a los ciclos de la
materia, por lo tanto, producen una grave contaminación en la Naturaleza, por
ello, sería interesante:

4.1. Llevar a la tienda nuestra propia bolsa.
4.2. Comprar productos que no utilicen plásticos como envase.
4.3. Buscar productos con envases reciclables, o aún mejor, retornables.

Como podréis comprobar, en nuestro país, no existen contenedores para
muchos de los productos que desechamos (gomas, pegamentos, correctores
de escritura, etc.), en estos casos debemos intentar consumirlos lo mínimo
que nos sea posible o sustituirlos por otros productos más ecológicos.

ACTIVIDADES COMPLEMENTARIAS

1. Visitad una planta de reciclaje de papel, vidrio o pilas y anotad vuestras
observaciones en el cuaderno de notas.
   Tomad fotografías de los distintos procesos que se llevan a cabo
   en la planta de reciclaje.
2. Haced una puesta en común sobre vuestra visita y sacad conclusiones.
3. Haced un mural con vuestras observaciones y conclusiones sobre la visita
   a la planta de reciclaje (incluid fotografías). Mostrad el mural a vuestros
compañeros/as.
4. Haced un mural con todos los pasos necesarios para darle un tratamiento
   adecuado a los residuos que se producen en nuestras casas. Mostrad el mural
   a vuestros compañeros/as.
5. Investigad sobre el reciclaje de plásticos y gomas.

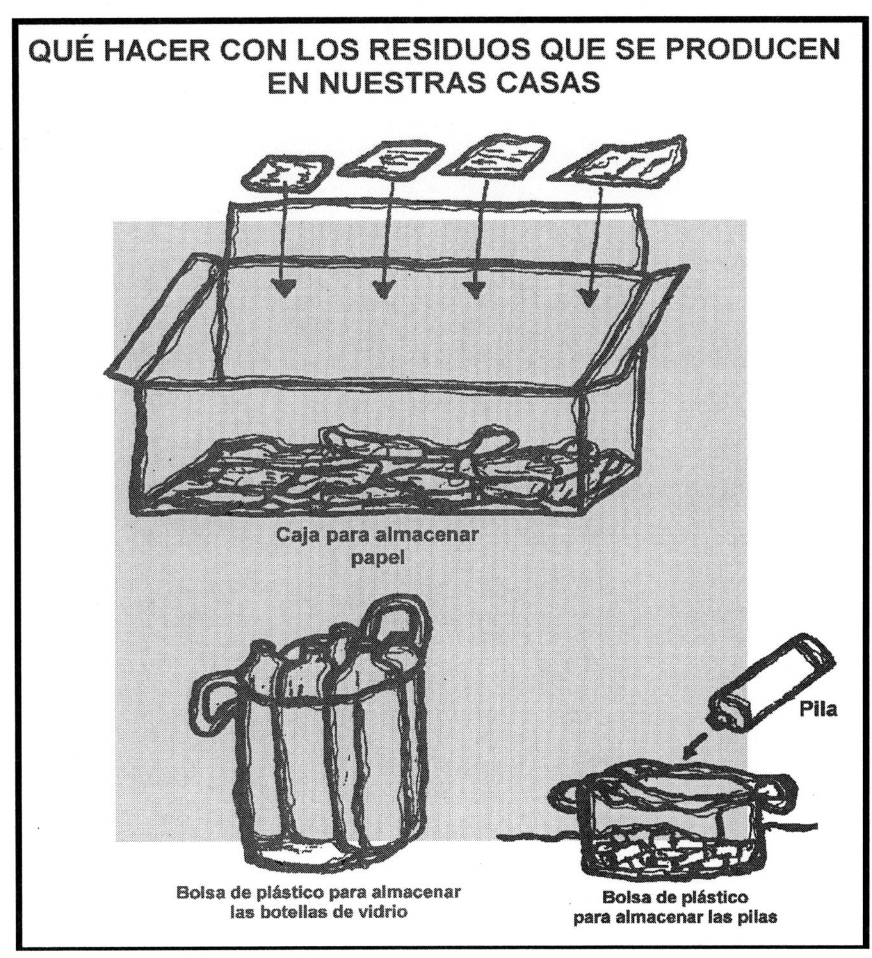

CONTAMINACIÓN QUE PRODUCEN LAS BASURAS DE LA CASA EN LA NATURALEZA

INTRODUCCIÓN

Muchos de los residuos sólidos que se producen en nuestras casas tienen como destino un vertedero. Algunos de estos residuos, los orgánicos, se reintegran rápidamente en el ciclo de la materia por la acción de las bacterias descomponedoras que los transforman en materia inorgánica. Por el contrario, muchos de los residuos de la bolsa de basura tardan mucho tiempo en reintegrarse tras la acción de la meteorización química, y otros no se reintegran nunca (papeles de aluminio, plásticos, gomas, vidrio, etc.), produciendo una gran contaminación. A veces, las botellas de vidrio, en la Naturaleza, pueden causar incendios, debido al efecto de lupa que producen al recibir los rayos del sol.

OBJETIVO

Con esta actividad pretendemos que realicéis un seguimiento del grado de reintegración que los residuos procedentes de las basuras de vuestras casas producen en la Naturaleza.

ACTIVIDADES INICIALES

1. ¿Qué función desempeñan las bacterias descomponedoras en la Naturaleza?
2. ¿Cómo contaminan las botellas de vidrio la Naturaleza?
3. ¿Cuáles son los residuos que tardan más tiempo en biodegradarse?
4. ¿Qué podríamos hacer para contaminar menos desde nuestras casas?
5. ¿Es estrictamente necesario envolver los bocadillos en papal de alumino?
   ¿Quién se beneficia y quién se perjudica con esto?
6. ¿En qué consiste la meteorización química? ¿Es beneficiosa la acción
   de este tipo de meteorización para la Naturaleza? ¿Por qué?
7. Hacéis boicot a algún tipo de producto, conscientes del daño que éste causa
   a la Naturaleza?¿Quién se beneficia y quién se perjudica con este tipo
   de boicots?
8. ¿Pueden ser las basuras una fuente de riqueza? ¿Por qué?

MATERIAL

-Residuos de la bolsa de basura.
-Cuaderno de notas.
-Cartulinas.
-Cámara fotográfica.

METODOLOGÍA

1. Coged latas de distintos tipos, papel, cartón, bolsas y envases de plástico, botellas de vidrio, restos de alimentos, tapones de goma, corcho, etc.
2. Dejadlos en un lugar controlado, a la intemperie, durante el mayor tiempo posible.
3. Observad, una vez por semana, el estado de estos residuos. Haced fotografías (es importante apuntar la fecha en que se realizó cada fotografía) de cada uno de los residuos para estudiar su evolución.
4. Anotad en vuestro cuaderno los cambios que se producen en estos residuos.

ACTIVIDADES COMPLEMENTARIAS

1. Preparad todo lo necesario para realizar el seguimiento del grado de reintegración de los residuos procedentes de la basura, tal como se indica en la metodología. Realizad observaciones de lo que ocurre. Confeccionad un mural con todas vuestras notas y observaciones. Incluid fotografías para poder ver qué materiales se han reintegrado mejor y cuáles peor. Los residuos que mejor se reintegran producen una menor contaminación que los otros.
2. Haced un mural con todos los pasos necesarios para observar la contaminación que producen las basuras de la casa en la Naturaleza. Mostrad el mural a vuestros compañeros/as.
3. Investigad sobre el vertedero de vuestra zona.
4. Realizad una campaña para concienciar a las personas de vuestra localidad sobre la contaminación que producen las basuras de la casa en la Naturaleza.

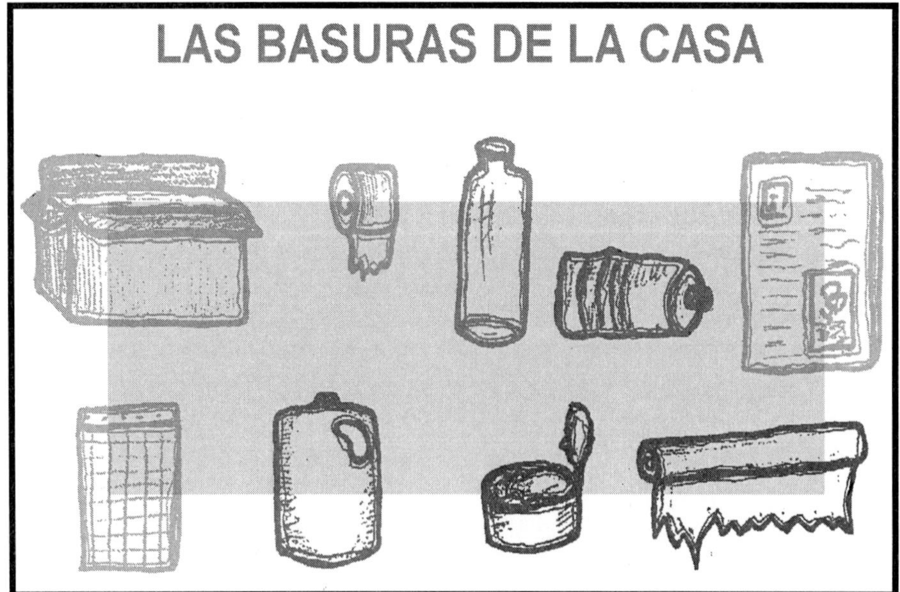

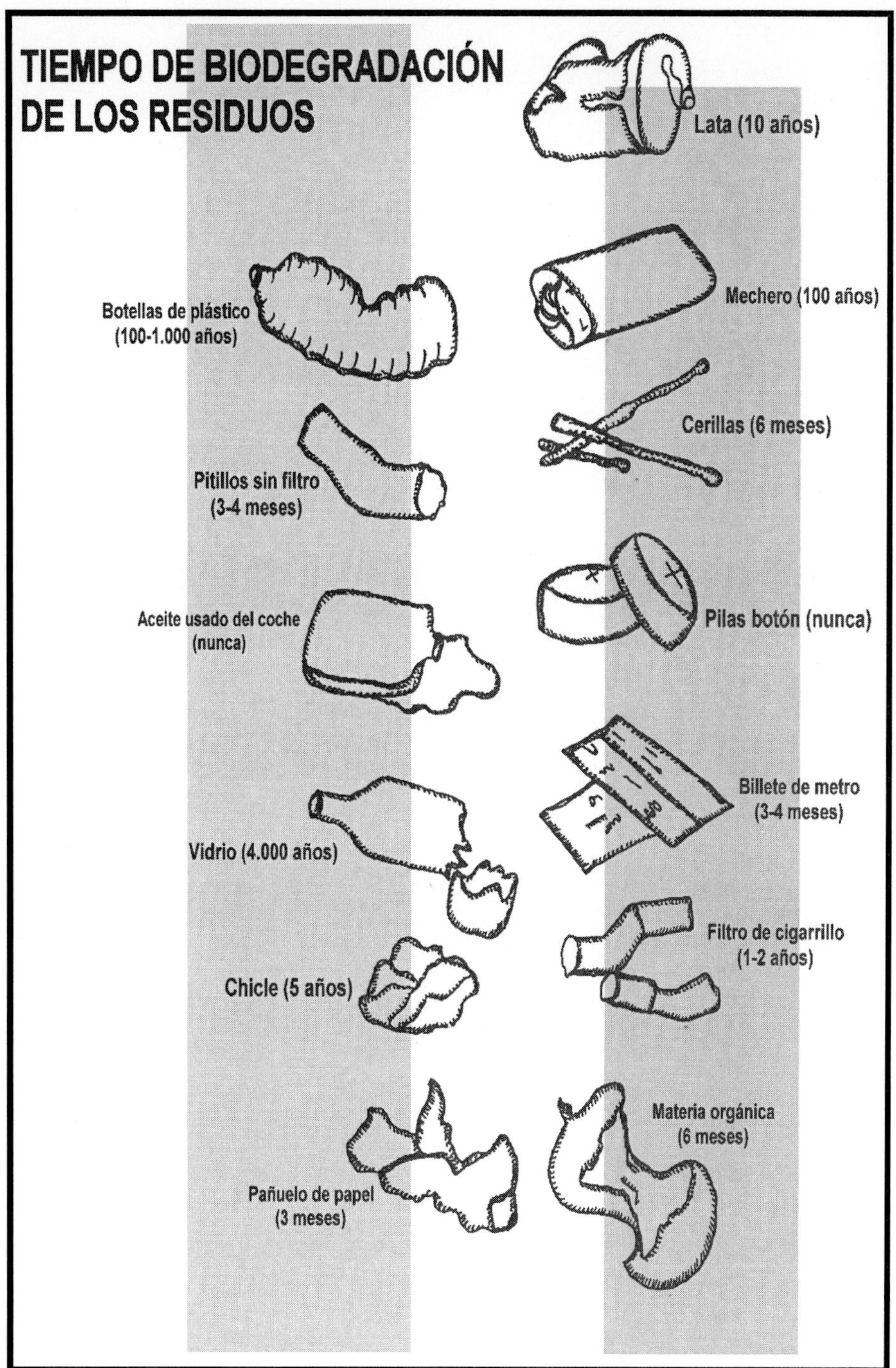

TIEMPO DE BIODEGRADACIÓN DE LOS RESIDUOS
Lata (10 años)
Mechero (100 años)
Cerillas (6 meses)
Botellas de plástico (100-1.000 años)
Pitillos sin filtro (3-4 meses)
Pilas botón (nunca)
Aceite usado del coche (nunca)
Billete de metro (3-4 meses)
Vidrio (4.000 años)
Filtro de cigarrillo (1-2 años)
Chicle (5 años)
Materia orgánica (6 meses)
Pañuelo de papel (3 meses)

VISITAD EL VERTEDERO DE BASURAS DE VUESTRA CIUDAD

INTRODUCCIÓN

El destino de las basuras de la mayoría de nuestras ciudades es el vertedero. Existen en nuestro país muchos vertederos incontrolados donde se arrojan basuras que causan graves contaminaciones en diversos lugares de nuestras ciudades. Otros vertederos son controlados y suelen estar situados en lugares donde se acumula la basura produciendo un menor perjuicio a la Naturaleza. Pero, los vertederos no son la mejor solución para nuestras basuras, ya que lo ideal sería, y así se hace con algunos residuos, poder reciclarlos para su nueva utilización. Es más, deberíamos tender a utilizar productos retornables que pudiéramos utilizar muchas veces sin necesidad de reciclarlos.

OBJETIVO

Con esta actividad pretendemos que realicéis una visita al vertedero de vuestra ciudad y obtengáis la mayor información posible sobre el mismo.

ACTIVIDADES INICIALES

1. ¿Cuáles son las funciones de los vertederos?
2. ¿Cualquier lugar es propicio para ubicar un vertedero? ¿Por qué?
3. ¿Cuáles son las diferencias entre vertederos controlados e incontrolados?
4. ¿Son los vertederos la mejor solución para las basuras? ¿Por qué?
5. ¿Qué tipo de vertedero de basuras existe en vuestra ciudad?
6. ¿Qué debería haber, más vertederos o más plantas de reciclaje de residuos? ¿Por qué?
7. ¿Contaminan la Naturaleza los residuos que generan los bebés? ¿Cómo? ¿Existen alternativas para que esto no ocurra?

MATERIAL

-Cámara fotográfica.
-Cuaderno de notas.
-Cartulina.

METODOLOGÍA

Es muy importante tomar fotografías de todas vuestras observaciones.
1. Realizad la visita al vertedero de vuestra ciudad.
2. Anotad todas vuestras observaciones desde el punto de salida hasta el vertedero (carretera, construcciones, carretera de acceso al vertedero, etc.).
3. Anotad vuestras impresiones sobre el lugar donde está instalado el vertedero.
4. Señalad la función y el nombre de cada uno de los edificios que componen el vertedero.

5. Anotad los tipos de vertidos que se hacen.
6. Informaos sobre:
     -La extensión del vertedero.
     -Zonas rellenas de vertidos.
     -Espacio disponible.
     -Destino del vertedero una vez totalmente relleno.
7. Investigad sobre cuáles son los animales más frecuentes en la zona del vertedero.
8. Anotad el número de camiones que llegan durante vuestra visita.
9. Preguntad qué se hace con los residuos que llegan al vertedero.

ACTIVIDADES COMPLEMENTARIAS

1. Realizad una visita al vertedero de basuras de vuestra ciudad. Realizad un dibujo   esquemático de la zona donde se ubica el vertedero y de todas las carreteras
   y caminos de acceso.
2. Realizad una puesta en común sobre la visita al vertedero y sacad conclusiones.
3. Haced un mural con vuestras conclusiones y observaciones sobre la visita
   al vertedero (incluid fotografías y esquemas). Mostrad el mural
   a vuestros compañeros/as.

GEOLOGÍA

CÓMO OBTENER MOLDES
Y REPRODUCCIONES DE FÓSILES

INTRODUCCIÓN

Los fósiles son los restos de animales y plantas que vivieron en la prehistoria. Los fósiles son el testimonio de que hace mucho tiempo vivieron en nuestro Planeta animales y plantas de formas diferentes a los actuales, por ello, son de gran ayuda para reconstruir la evolución de los seres vivos.

OBJETIVO

Con esta actividad pretendemos que aprendáis a obtener moldes y reproducciones de fósiles.

ACTIVIDADES INICIALES

1. ¿Qué son los fósiles?
2. ¿Qué estudia la Paleontología?
3. ¿Qué cosas se pueden deducir estudiando los fósiles?
4. Inventad un método para obtener moldes y reproducciones de fósiles.
5. ¿Por qué no se debe comerciar con los fósiles?
6. ¿Se pueden formar fósiles en cualquier tipo de roca? ¿Por qué?
7. ¿Lo que sabemos de evolución se debe en gran parte a los fósiles? ¿Por qué?
8. ¿Qué cosas hay que tener en cuenta antes de coger fósiles
   de una zona determinada?

MATERIAL

-Fósiles.
-Una vela.
-Agua.
-Escayola.
-Plastilina.
-Vaselina.
-Cuchillo.
-Cartulina.

METODOLOGÍA

1. Coged un fósil. Untad vaselina alrededor del fósil.
2. Coged el fósil y cubridlo completamente de plastilina presionando
   hasta aseguraros de que ha quedado grabada su forma externa en la plastilina.
3. Seccionar la plastilina (ayudaos de un cuchillo) por todo alrededor del fósil procurando llegar hasta tocar el fósil con el borde del cuchillo.
4. Levantad la plastilina, a partir de la sección, con mucho cuidado.
5. Sacad el fósil, también, muy cuidadosamente. De esta forma obtendremos,

en cada trozo de plastilina, un molde de la cara correspondiente del fósil.

6. Para obtener una fiel reproducción del fósil, unid nuevamente los dos moldes
   de plastilina haciéndolos coincidir perfectamente en la justa posición
   que tenían antes de realizarse la sección.
7. Practicad un orificio en un extremo de los dos moldes ya unidos, de tal forma,
   que podamos acceder a su interior desde fuera.
8. Coged una vela encendida e inclinadla hasta que la cera penetre
   paulatinamente rellenando hasta su totalidad el hueco interior que forman
los dos moldes. Se puede utilizar, en lugar de cera, escayola que se preparará
   previamente mezclándola con agua.
9. Dejad enfriar al menos 2 horas.
10. Separad cuidadosamente los moldes; la cera habrá tomado la misma forma
   que el fósil original.

ACTIVIDADES COMPLEMENTARIAS

1. Realizad moldes y reproducciones de fósiles. Anotad vuestras observaciones
   sobre la experiencia en el cuaderno de notas.
2. Investigad sobre los fósiles de vuestra zona.
3. Haced un mural con todos los pasos necesarios para obtener moldes
   y reproducciones de fósiles (incluid dibujos). Mostrad el mural a vuestros
compañeros/as.

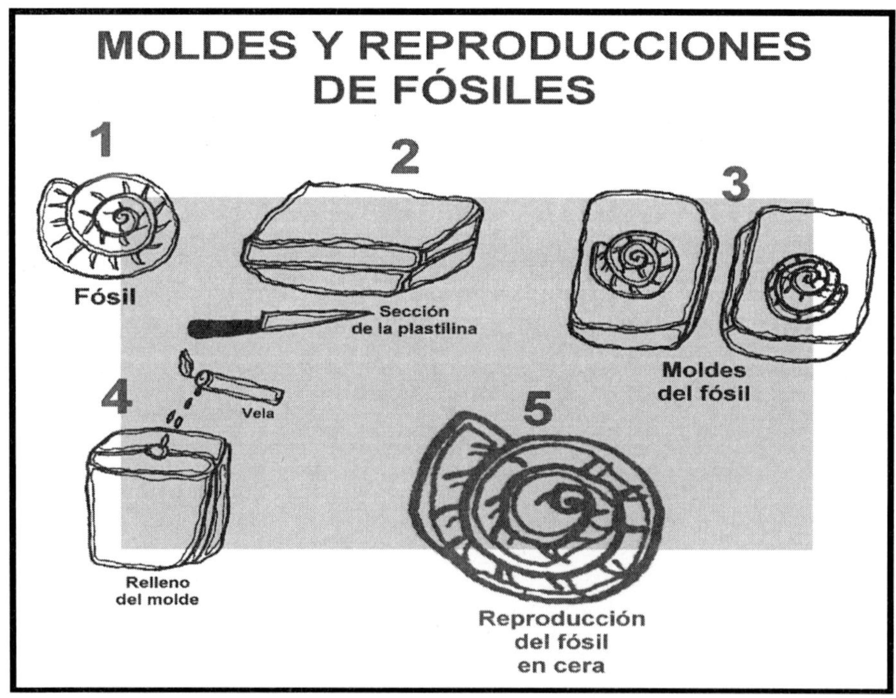

ECOLOGÍA URBANA

QUÉ PODEMOS HACER
PARA AHORRAR ENERGÍA
EN NUESTRO HOGAR

INTRODUCCIÓN

La energía es el motor de la sociedad actual. Necesitamos energía en nuestras casas, para el transporte, en las industrias, hospitales, etc.

La energía que utilizamos procede de diversas fuentes que pueden ser renovables (energía hidroeléctrica, solar, del mar, del viento, etc.) y no renovables (petróleo, carbón, gas natural, etc.).

De la energía que consumimos, la tercera parte, se emplea en el uso doméstico y las otras dos terceras partes corresponden al transporte, agricultura e industria.

Las energías no renovables son mucho más utilizadas que las renovables. La crisis energética que padecemos se debe, en parte, a nuestro modo de vida y al escaso uso que se hace de las energías renovables. Existe actualmente tecnología adecuada para resolver esta situación, pero el sistema socio-económico y político parece más preocupado por las situaciones de mercado que por las necesidades de la humanidad. Todos necesitamos energía para el desarrollo de nuestra vida. Es sabido que algunas fuentes de energía producen contaminación ambiental grave (energía térmica y nuclear), si bien, tenemos que utilizarlas, hasta que empecemos a aprovechar las energías renovables, es lógico aprovecharlas mejor y no derrocharlas.

OBJETIVO

Con esta actividad pretendemos que aprendáis cómo ahorrar energía en vuestro hogar.

ACTIVIDADES INICIALES

1. ¿Qué es la energía?
2 . ¿Qué fuentes de energía conocéis?
3 . ¿Qué podríais hacer para ahorrar energía en vuestro hogar?
4. ¿Todas las energías son igual de contaminantes? ¿Por qué?
5. ¿Cuáles son las diferencias entre energías renovables y no renovables?
6. ¿Se siguen utilizando energías contaminantes por intereses comerciales?
   ¿Por qué?
7. ¿Cómo valoráis las manifestaciones ecologistas en contra de determinados
   tipos de energía?
8. ¿Es cierto que la energía solar es inagotable? ¿Por qué?
9. ¿Se debería utilizar más, en España, la energía solar? ¿Por qué no se hace?
10. ¿Conocéis algunas centrales nucleares que hayan producido algún tipo
    de desastre ecológico?

11. ¿Es realmente cierto que la energía eléctrica es la más limpia? ¿Por qué?

MATERIAL

-Cuaderno de notas.
-Cartulina.

METODOLOGÍA

1. Anotad, en vuestro cuaderno, todos aquellos **aparatos que consumen energía** en cada uno de los habitáculos de vuestra casa: Cocina, comedor, sala de estar, habitaciones, cuarto de aseo, pasillos, etc.

2. Investigad y tomad notas respecto a:

2.1. Calefacción.
2.1.1. Tipo de aislamiento térmico de vuestra casa.
2.1.2. Si los radiadores tienen o no termostato.

2.2. Agua caliente.
2.2.1. A qué temperatura está regulado el termo.
2.2.2. Cómo se usa el agua caliente en vuestra casa.
2.2.3. Si se deja el grifo de agua caliente abierto sin necesidad.

2.3. En la cocina.
2.3.1. Qué tipo de recipientes se ponen al fuego y cómo son.
2.3.2. Si existe la costumbre de poner la tapadera a las cacerolas mientras
      están al fuego.
2.3.3. Si se apaga la cocina antes de que finalice la cocción.
2.3.4. Si existen, en vuestras cocinas, electrodomésticos que no son realmente prácticos.

2.4. Otros.
2.4.1. Qué tipo de cepillos de dientes se usan en vuestra casa.
2.4.2. Si se apagan las luces cuando no son necesarias.

Respecto al ahorro de energía en el hogar debéis saber:

-Entre el 15% y el 20% del calor de una casa se pierde por las puertas y ventanas.
-En una habitación no se necesitan temperaturas superiores a los 20º C
  (siempre que en invierno tengamos puesto un chaleco y no manga corta).
-Una temperatura no superior a los 16º C es sana para dormir.
-Un termo regulado a 60º C es suficiente.
-En la cocina ahorra energía:
    *Utilizar recipientes de cocina con fondo ancho.
    *Poner la tapadera a las cacerolas.
    *El uso de la olla a presión.
    *Apagar la cocina antes de finalizar totalmente la cocción.
    *Descongelar el frigorífico.

*Utilizar sólo los electrodomésticos realmente prácticos.
-Utilizar cepillos de dientes manuales.
-Apagar las luces cuando no son necesarias.
-Ducharse en lugar de bañarse.
-Etc.

ACTIVIDADES COMPLEMENTARIAS

1. Observad todo lo relacionado con el ahorro de energía en vuestro hogar, tal como se indica en la metodología. Haced una puesta en común sobre vuestras observaciones y sacad conclusiones.
2. Realizad un mural con vuestras investigaciones y conclusiones sobre el ahorro de energía en vuestro hogar. Mostrad el mural a vuestros compañeros/as.
3. Haced un mural con todos los pasos necesarios para ahorrar energía en nuestros hogares. Mostrad el mural a vuestros compañeros/as.
4. Escribid un relato sobre las consecuencias del empleo de energía nuclear.
5. Investigad críticamente sobre los tipos de energía que han utilizado las personas a lo largo de la historia.

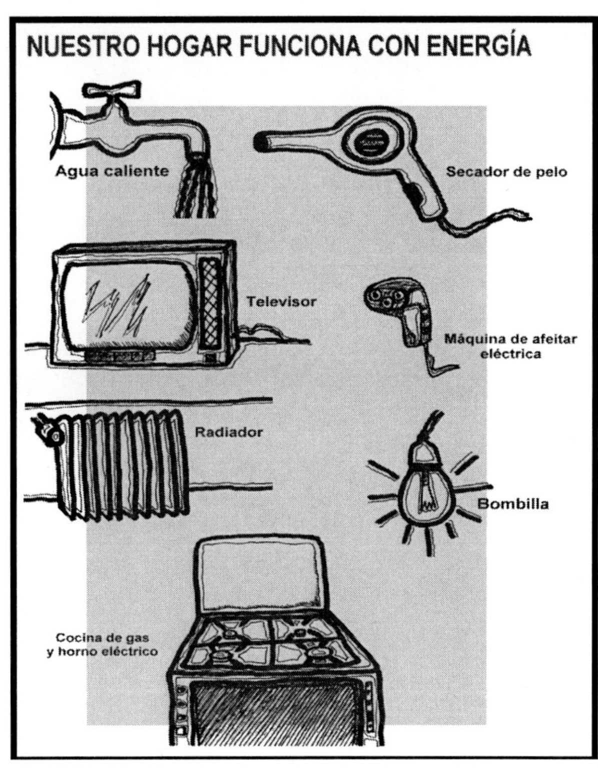

PARA AHORRAR ENERGÍA

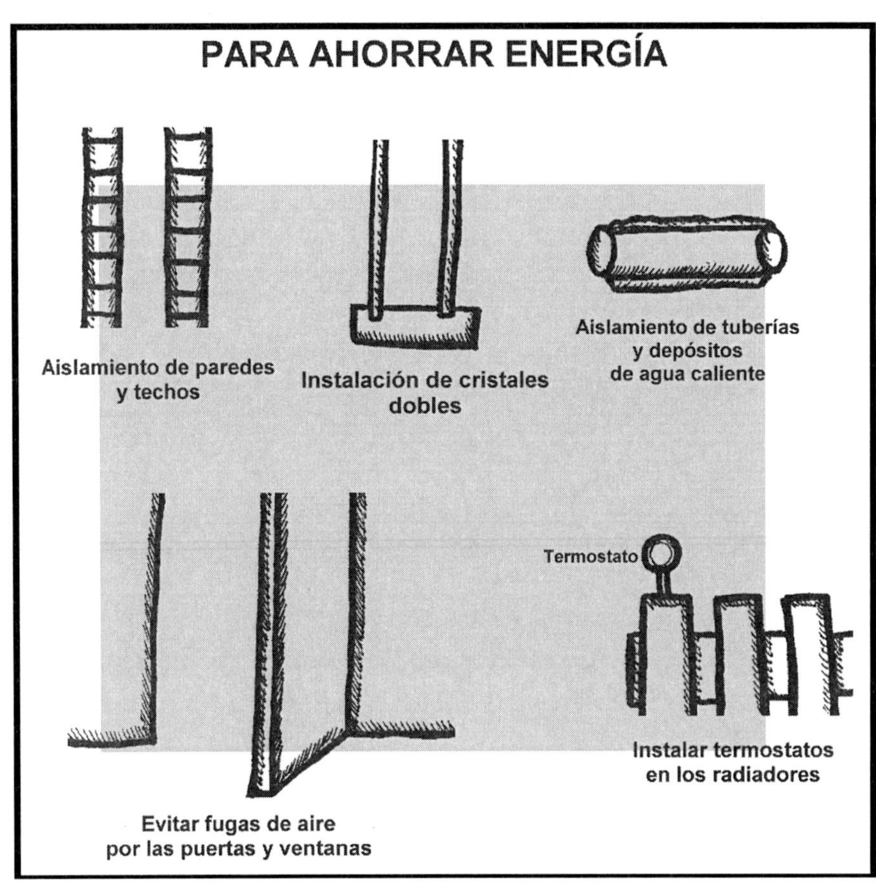

ACCIDENTES NUCLEARES EN EL MUNDO

URSS: El primer accidente, según la Unión Soviética, que se ha registrado en una de sus plantas nucleares fue el acaecido en la madrugada del 26 de abril de 1986, en la central ucraniana de Chernobil. Accidente de triste recuerdo ya que la nube radiactiva producida en el accidente recorrió Europa durante semanas, contaminando paisajes, agua y alimento. Fuentes occidentales sostienen que al menos otro grave accidente se produjo en 1958, al registrarse una explosión en la central nuclear de Kitchim, en los Urales, que ocasionó centenares de muertos.

En 1974, las autoridades soviéticas confirmaron las noticias divulgadas en Occidente de que se había producido un accidente en una planta nuclear en las inmediaciones de la ciudad de Shevchenko, a orillas del mar Caspio, pero no facilitaron datos sobre las consecuencias del mismo.

Estados Unidos: El primer accidente de este tipo se produjo en 1958, cuando Chalk River quedó cubierto por una nube nuclear. En 1963, en la central de Indian Point se originó otro escape radiactivo.

El accidente de mayor gravedad en EE.UU. sucedió el 28 de marzo de 1979 a consecuencia de una fuga de vapor radiactivo en la planta nuclear de la Isla de las Tres Millas, en las inmediaciones de Harrisburg, Pensilvania. Un fallo en el sistema de refrigeración originó la fuga de gas que produjo una nube radiactiva que cubrió un área de unos 30 kilómetros. Las autoridades adoptaron las medidas oportunas para evacuar a un millón de personas residentes en aquella zona.

República Federal Alemana: En 1979 se registraron accidentes en las centrales nucleares de Biblis, Brunbuettel, cerca de Kiel, y Geesthacht, a orillas del Elba. Anteriormente, en octubre de 1978, se denunciaron casos de niños residentes en las inmediaciones de la central nuclear de Baja Sajonia que padecían leucemia.

Reino Unido: Fue cerrada en enero de 1980 la central nuclear de Dungeness, en el condado de Kent, al descubrirse corrosión microscópica en la tubería de acero de los circuitos de refrigeración. En 1981 se produjo un escape radiactivo en la central nuclear de Windscale, en el condado de Cumberland, norte de Inglaterra, que produjo contaminación en la leche y en los productos agrícolas.

En 1984, las playas próximas a la central nuclear de Sellafield estuvieron contaminadas durante siete días por escape de productos radiactivos. Esta misma central tuvo otras tres fugas en enero de 1986.

Suecia: En 1980 hubo dos fisuras en el sistema de refrigeración de las centrales atómicas Oskarshamn-2, al sur de Estocolmo, y Barseback-2, en el estrecho de Oeresund.

Japón: Unas 300 personas quedaron expuestas a radiaciones a consecuencia de una fuga radiactiva que se produjo a principios de los ochenta en la central nuclear de Tsuruga. También en Japón, se produjo una importante fuga radiactiva en la central nuclear de Fukushima (2011).

España: Hasta ahora no se ha registrado ningún accidente que pueda considerarse significativo, aunque ha habido algunos fallos en la central de Almaraz, que en mayo de 1985 provocó la paralización de la actividad de una de las unidades. Recientemente volvió a registrarse otra pequeña fuga. En Vendellós y Ascó se produjeron también pequeños fallos.

Tomado del libro *"La ecología a lo claro"*.
Editorial Popular, S. A.

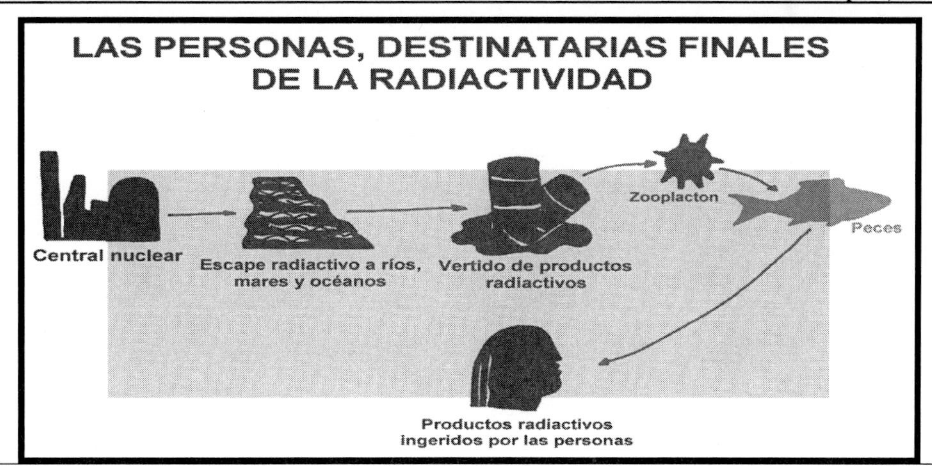

CÓMO COMPRAMOS
NUESTROS ALIMENTOS

INTRODUCCIÓN

A diferencia de hace poco tiempo, hoy, una buena parte de los alimentos que consumimos son importados. Esto se debe a que muchos países europeos producen excedentes agrícolas. Desgraciadamente, cada vez consumimos menos productos cultivados y elaborados en el lugar que vivimos. El consumo de productos locales garantiza su frescura, un menor gasto en su transporte y elaboración y un control de los alimentos por las personas que viven en la zona.
La industria alimentaria esta lanzando alimentos llamados "naturales" que distan mucho de serlo porque están totalmente procesados, adulterados y empaquetados, y aunque efectivamente no tienen aditivos, su desnaturalización es muy grande. Los alimentos integrales (aquellos que no sufren procesados industriales) son, además, mucho más sanos que los procesados industrialmente. Los alimentos ecológicos son aquellos que se obtienen sin fertilizantes artificiales, plaguicidas químicos, hormonas de crecimiento, ni medicamentos químicos. Igualmente, se cultivan en una tierra sana, abonada con materia orgánica fermentada. El ganado vive en un ambiente natural, con mucho sitio para moverse y una dieta sin aditivos. Los productos ecológicos son, sin duda, mucho más sanos que los elaborados con la agricultura moderna (química), pero los agricultores ecológicos son aún muy pocos y se encuentran con ciertas dificultades para abrirse mercado, no obstante, existen cadenas de supermercados que venden frutas y verduras ecológicas, y es cada vez mayor el numero de tiendas ecológicas en las ciudades grandes.
En nuestra cultura comemos muy pocos alimentos crudos, tan sólo la fruta y las ensaladas de verduras. La cocción de los alimentos hace que se digieran con más facilidad, pero también, se pierden nutrientes como algunas vitaminas y otros, por oxidación.
Actualmente, se usan cerca de 4.000 aditivos distintos en los alimentos (colorantes, edulcorantes, emulgentes, gelificantes, etc.) que, sin duda, entrañan riesgos importantes para la salud.
Una familia media compra en los supermercados alrededor de 30 Kg de productos empaquetados, de los cuales, unos 8 Kg son envoltorios. Además, los envoltorios están pintados con el objeto de atraer al consumidor, esas pinturas contaminan gravemente el medio ambiente en su proceso de elaboración. Quizá deberíamos plantearnos mirar más la calidad del producto que su presentación.
Sería interesante, al hacer la compra, tener en cuenta las observaciones anteriores, saldríamos ganando nosotros y el medio ambiente.

OBJETIVO

Con esta actividad pretendemos que aprendáis a planificar vuestras compras de alimentos, con vistas a colaborar con vuestra salud y la del medio ambiente.

ACTIVIDADES INICIALES

1. ¿Sabemos comprar nuestros alimentos?¿Por qué?
2. ¿Por qué muchos de los alimentos que consumimos son importados?
3. ¿Por qué se consumen cada vez menos productos cultivados y elaborados
   en el lugar que vivimos?
4. ¿Por qué es bueno para las personas consumir productos locales?
5. ¿Hay que confiar plenamente en los llamados alimentos "naturales"?¿Por qué?
6. ¿Qué son los alimentos integrales? ¿Y los alimentos ecológicos?
7. ¿Es sano alimentarse con productos ecológicos?¿Por qué?
8. ¿Por qué cuesta tanto a los productos ecológicos abrirse mercado?
9. ¿Es sano comer alimentos crudos?¿Por qué?
10. ¿Qué son los aditivos? ¿Cómo afectan a nuestra salud?
11. ¿De qué forma afectan al medio ambiente los envoltorios
    (sobre todos los pintados) en los que vienen los productos alimenticios?
12. ¿Qué es más importante para la salud, la calidad de un producto
    o su presentación?¿Por qué?

MATERIAL

-Cuaderno de notas.
-Cartulina.

METODOLOGÍA

1. Visitad un supermercado.
2. Observad la sección de alimentación del supermercado. Realizad un dibujo
esquemático de esta sección en vuestro cuaderno de notas.
3. ¿Qué tipo de productos hay?
4. ¿Cómo están envueltos?¿Cuáles son las características de los envoltorios
   (colores, tipo de material, etc.)?
5. ¿Llevan etiquetas que identifiquen su procedencia?
6. ¿Qué tipo de aditivos llevan?
7. ¿Hay productos locales?¿Cuáles son?
8. ¿Hay alimentos integrales?¿Cuáles son?
9. ¿Hay alimentos ecológicos?¿Cuáles son?

**Observad y tomad algunas notas sobre cómo compran algunas
personas:**

10. ¿Llevan lista de compras?
11. ¿Llevan su propia bolsa para realizar la compra?
12. ¿Miran la procedencia, los aditivos y las etiquetas de los productos?
13. ¿Compran productos locales, alimentos integrales o alimentos ecológicos?
14. ¿Compran productos que no son necesarios para una alimentación sana?
15. ¿Compran los productos alimenticios en grandes o en pequeñas cantidades?

Añadid vosotros otras observaciones.

Algunas cosas que podemos hacer al realizar nuestras compras de productos alimenticios:

-Hacer una lista de lo que necesitamos antes de ir al supermercado.
-Evitar las latas y los paquetes. Es mejor una comida fresca y además nos ahorramos el envoltorio.
-Mirar las etiquetas que nos indican la composición del producto y su lugar de origen.
-Comprar alimentos frescos a los productores y comerciantes locales.
-Comprar cosas que estén mínimamente envasadas.
-Buscar productos con envases reciclables o, mejor, retornables.
-Llevar a la compra nuestras propias bolsas para meter los productos alimenticios.
-Hacer lo posible por evitar los envoltorios de plástico y latas.
-Añadid vosotros otras que consideréis interesantes e indicad por qué.

ACTIVIDADES COMPLEMENTARIAS

1. Realizad una visita a un supermercado de vuestra localidad. Haced una puesta en común sobre vuestra visita al supermercado y sacad conclusiones.
2. Realizad un mural sobre vuestra visita al supermercado (incluid dibujos esquemáticos, así como, vuestras observaciones y conclusiones).
   Mostrad el mural a vuestros compañeros/as.
3. Investigad sobre los alimentos ecológicos.
4. Haced un estudio sobre vuestros productos alimenticios locales.
5. Investigad sobre los aditivos de los alimentos.

TOXICIDAD DE LOS ADITIVOS*
Informe elaborado por Bill Horner para la «Soil Association», grupo para impulsar una agricultura ecológica

COLORANTES

E100 Curcumina
E101 Lactoflavina
E102** Tartraina
E104** Quinoleina
107** Amarillo 2G
E110** Amarillo Sunset
E120* Cochinilla
E122** Carmisina o azorrubina
E123** Amaranto
E124** Ponceau 4R
E127** Eritrosina
128** Rojo 2G
E131** Azul patente V
E132** Carmín indigo
133** Azul brillante
E140 E141
  Clorofila
E142** Verde S. Verde lisamina
E150* Caramelo
E151** Negro PN
E153 Carbón
154** Marron FK
155** Marrón MT
E160 E161 E162
  Próximos a la vit A

E163 Antocianinas
E170 Yeso
E171 Oxido de titanio
E172 Oxido de hierro
E173* Aluminio
E174* Plata
E175* Oro
E180** Pigmento rubi

CONSERVANTES

E200 E201 E202 E203
  Acido sórbico y sorbatos
E210** E211** E212** E213**
  Acido benzoico y benzoatos
E214** E215** E216** E217**
E218** E219**
  Benzoatos complejos
E220** E221** E222** E223**
E224** E226** E227**
  Dióxido de azufre y sulfitos
E230** E231** E232**
  Binefilos'
E233 Tiabendazol

E234 Nisina
E236* E237* E238*
  Acido fórmico y formiatos
E239** Mexamina
E249** E250** E251** E252**
  Nitritos y nitratos
E260 E261 E262 E263
  Acido acético y acetatos
E270* Acido láctico
E280 Acido propiónico y
E281 E282 E283
  propionatos
E290* Dióxido de carbono
E296 Acido málico
E297 Acido fumárico

ANTIOXIDANTES EMULSIONANTES, ESTABILIZANTES, ETC.

E300 E301 E302 E304
  Ascorbatos
E306 Vitamina E

E307 E308 E309
  Derivados sintéticos del tocoferol
E310** E311** E312**
  Galatos
E320** BMA
E321** BMT
E322 Lecitinas
E325* E326* E327*
  Lactatos
E330 E331 E332 E333
  Acido cítrico y citratos
E334 E335 E336 E337
  Tartratos
E338 E339 E340 E341
  Fosfatos
350 351 352
  Malatos
353 Acido metatartárico
355 Acido adipico
356 Acido succinico
370* Meptonolactona
375 Acido nicotínico
380 381
  Citratos
E385* Sal de EDTA
E400 E401 E402 E403
E404 E405
  Acido alginico y alginatos
E406 Agar-agar

ESTABILIZANTES, ETC.

E407 Carraginina
E410 Goma de algarroba
E412 Goma de guar
E413 Goma de tragacanto
E414 Goma arábiga
E415 E416
  otras gomas naturales
E420 Sorbitol
E421 Manitol
E422 Glicerina
430** 431**
  Estearatos
432* 433* 434* 435*
436* Polioxietilenos

E440 Pectina
442* Fosfátidos amónicos
E450** Polifosfatos
E460 E461 E463 E464
E465 E466
  Celulosas
E470* E471* E472* E473*
E474* E475* E476* E477*
E478* Grasas y jabones
E481* E482* E483*
  Estearilos
491* 492* 493* 494*
495* Sorbitanos
500 501 502 503
504 Carbonatos
507* 508* 509* 510*
  Cloruros
513* Acido sulfúrico
514* Sulfato sódico
515 Sulfato potásico
516 Sulfato cálcico
518 Sulfato magnésico
524 Hidróxido sódico
525 Hidróxido potásico
526 Hidróxido cálcico

527* Hidróxido amónico
528 Hidróxido magnésico
529* Cal viva
530* Oxido magnésico
535** 536**
  Ferrocianuros
541 Fosfato
542* Fosfato óseo
544** 545**
  Polifosfatos
551 552
  Silicatos
553 Talco
554** 556
  Silicatos alumínicos
558* Bentonita
559 570
  Caolín
572 Estearatos
575* Glucono delta lactona
576 577 578
  Gluconatos

AROMATIZANTES

620** Acido glutámico
621** Glutamato sódico
622** 623**
  Otros glutamatos
627** Guanilato
631** Inositano
635** Guanilato e Inosinato
636** Maltol
637** Etilmaltol
900* Dimeticona
901 Cera de abeja
903 Cera carnauba
904 Laca
905 Hidrocarburos minerales
907 Cera (del petróleo)
920 Derivados de aminoácidos
924 Bromato
925 Cloro
927 Azoformamida

**No llevan delante la letra <<E>>
aquellos productos que todavía no han sido aprobados
definitivamente por la CEE.
Sin asterisco los reputados como inocuos,
con asterisco los sospechosos y con dos
asteriscos los que deberían evitarse.**

* Tomado de la revista «Integral»

CONSTRUYE

CONSTRUCCIÓN DE UNA BRÚJULA

INTRODUCCIÓN

Las brújulas son aparatos que nos permiten orientarnos en cualquier momento y lugar. Su fundamento está en la existencia del campo magnético terrestre, es decir, la Tierra actúa como un gran imán que orienta cualquier aguja, imantada previamente, en la dirección norte-sur magnético.

OBJETIVO

Con esta actividad pretendemos que aprendáis a construir una brújula sencilla.

ACTIVIDADES INICIALES

1. ¿Qué es una brújula? ¿Para qué sirve?
2. ¿Cómo construiríais una brújula sencilla?
3. ¿Qué es el campo magnético terrestre?
4. ¿Por qué la aguja de la brújula se orienta siempre en dirección norte-sur?
5. ¿Es imprescindible una brújula cuando salimos a realizar investigaciones de campo? ¿Por qué?
6. ¿Conocéis algunas otras formas de orientarse que no sean mediante la brújula?

MATERIAL

-Tapadera de tarro de café.
-Aguja imantada.
-Trozo de corcho de botella.
-Imán.
-Agua.
-Cartulina.

METODOLOGÍA

1. Coged la tapadera de tarro de café y limpiadla muy bien.
2. Echad agua dentro de la tapadera hasta llenar sus 2/3 partes.
3. Coged un corcho de botella y cortad algo más de medio centímetro de su parte inferior.
4. Meted una aguja, previamente imantada (frotadla, para ello, con un imán), atravesando el pequeño cilindro de corcho.
5. Poned el corcho con la aguja en el centro justo de la tapadera con el agua y observaréis como, sea cual sea la orientación que deis a la aguja, siempre se orientará en la dirección norte-sur.

ACTIVIDADES COMPLEMENTARIAS

1. Construid vuestra propia brújula y practicad con ella la orientación.
2. Haced un mural con todos los pasos necesarios para construir una brújula (incluid dibujos). Mostrad el mural a vuestros compañeros/as.

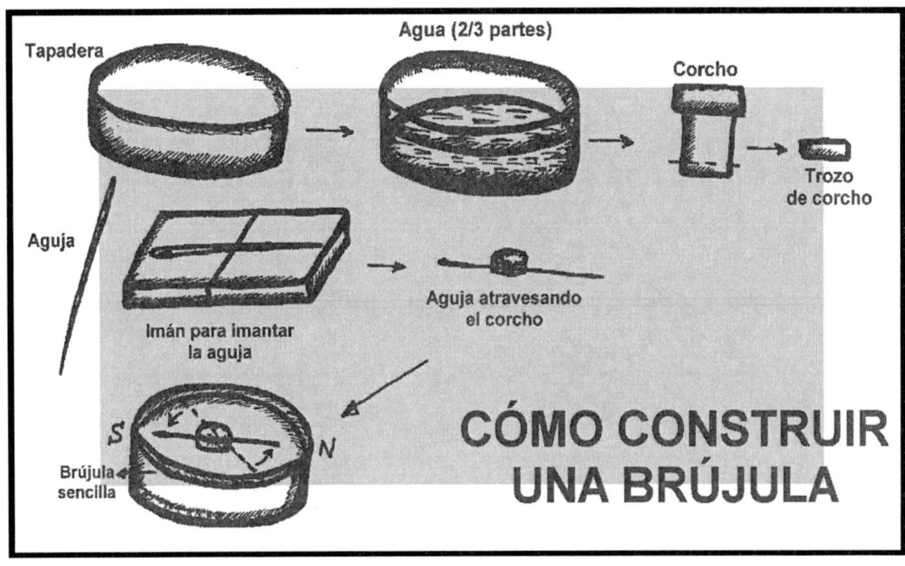

CONSTRUCCIÓN DE UN RELOJ DE SOL

INTRODUCCIÓN

Los relojes de sol nos permiten saber la hora en cualquier momento del día mientras tengamos presencia de sol, no son, por tanto, útiles los días nublados ni las noches. Los relojes de sol se pueden construir sobre cualquier superficie (el propio suelo, un trozo cuadrado de mármol. etc.), también, se pueden colocar en vertical (sobre una pared) o sobre el suelo. Es importante que el lugar donde se coloquen esté totalmente despejado, es decir, que no reciba ningún tipo de sombra durante todo el día.

OBJETIVO

Con esta actividad pretendemos que aprendáis a construir un reloj de sol sencillo.

ACTIVIDADES INICIALES

1. ¿Qué es un reloj de sol? ¿Para qué sirve?
2. ¿Cuáles son las ventajas y los inconvenientes de un reloj de sol?
3. ¿Se pueden construir los relojes de sol sobre cualquier superficie? ¿Por qué?
4. ¿Por qué el lugar donde se coloque un reloj de sol debe estar completamente despejado?
5. ¿Cómo construiríais un reloj de sol?

MATERIAL

-Tabla de madera de 40 x 40 x 3 cm.
-Taladro.
-Reloj.
-Brújula.
-Trozo de alambre grueso de unos 25 cm de longitud.
-Rotulador permanente.
-Cartulina.

METODOLOGÍA

1. Perforad la tabla por la parte central de uno de sus extremos.
2. Introducid el trozo de alambre grueso en posición perpendicular a la tabla.
3. Inclinad el alambre.
4. Colocad el reloj en un lugar despejado, de tal forma, que la línea central
     que contiene al alambre esté orientada al sur.
5. Desde el momento que salga el sol, coged un reloj y en cada hora en punto,
haced una marca (utilizad rotulador permanente) sobre la sombra que
proyecta el alambre en la madera.

6. Indicad, junto a la marca realizada, la hora a que corresponde.
Para que la hora sea fiable no debemos mover el reloj de sol de su sitio, el más mínimo cambio nos daría tiempos inexactos.

ACTIVIDADES COMPLEMENTARIAS

1. Construid vuestro propio reloj de sol y comprobad su funcionamiento.
2. Haced un mural con todos los pasos necesarios para construir un reloj de sol (incluid dibujos). Mostrad el mural a vuestros compañeros/as.
3. Investigad sobre los relojes de sol de vuestra zona.
4. Investigad sobre la historia de los relojes de sol.

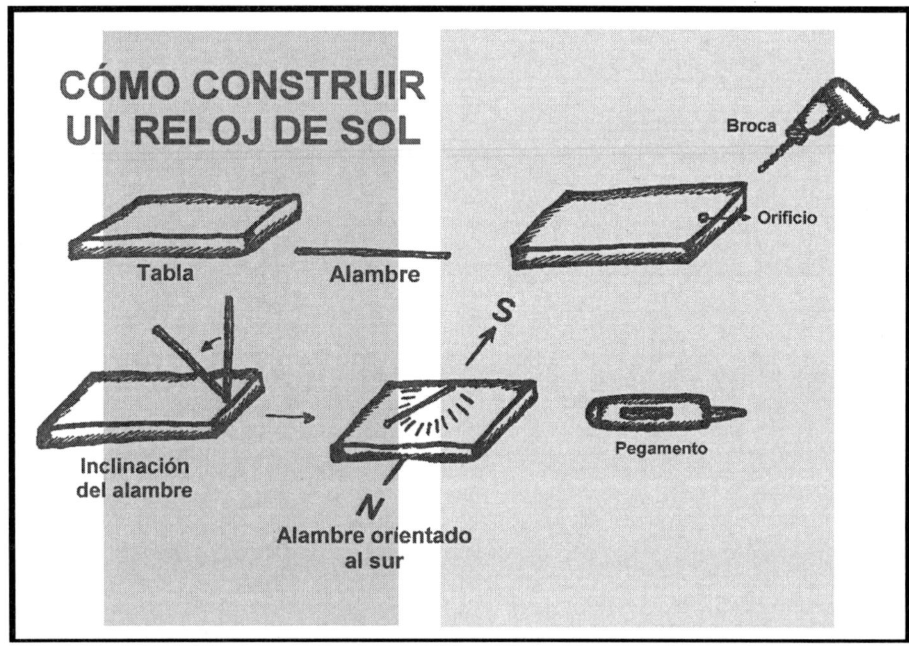

CONSTRUCCIÓN DE UN PERISCOPIO

INTRODUCCIÓN

El periscopio nos permite realizar observaciones de la naturaleza de una forma cómoda. Igualmente, permite que nuestra vista alcance ver por encima de lugares a los que no llegarían nuestros ojos desde la posición que nos encontramos.

OBJETIVO

Con esta actividad pretendemos que aprendáis a construir un periscopio sencillo para realizar más cómodamente vuestras observaciones en la Naturaleza.

ACTIVIDADES INICIALES

1. ¿Qué es un periscopio? ¿Para que sirve?
2. ¿Cómo construiríais un periscopio?
3. ¿Cuál es el fundamento de un periscopio?
4. ¿Qué estudia la óptica?
5. ¿Qué es un espejo? ¿Cómo se hace?
6. ¿Conocéis algunos aparatos ópticos que se empleen para la observación de la Naturaleza?¿Cuáles?

MATERIAL

-2 espejos (recortados de tal forma que encajen perfectamente en la caja).
-Pegamento.
-2 cajas de cartón alargadas.
-Pintura negra mate.
-Cartulina.

METODOLOGÍA

1. Coged una caja de cartón alargada, abridla y pintad la parte interior con pintura   negra mate.
2. Coged los dos espejos y pegadlos a los extremos de la caja formando un ángulo de 45º, de tal forma, que las superficies de los espejos se miren.
3. Cerrad la caja una vez colocados adecuadamente los espejos.
4. Practicad dos orificios, uno a cada lado de la caja, donde se sitúan los espejos.

Podéis aumentar la longitud del periscopio, seccionando la caja preparada anteriormente y metiendo cada sección en otra caja (ver figura) en la que encajen perfectamente las dos secciones. Esta otra caja debe ser pintada interiormente con pintura negra mate. Introducid una sección en la parte superior de la nueva caja y otra en la inferior, de esta forma, podréis aumentar o disminuir la longitud de vuestro periscopio en función de vuestras necesidades.

ACTIVIDADES COMPLEMENTARIAS

1. Construid vuestro propio periscopio y realizad algunas observaciones de la Naturaleza.
2. Haced un mural con todos los pasos necesarios para construir un periscopio (incluid dibujos). Mostrad el mural a vuestros compañeros/as.

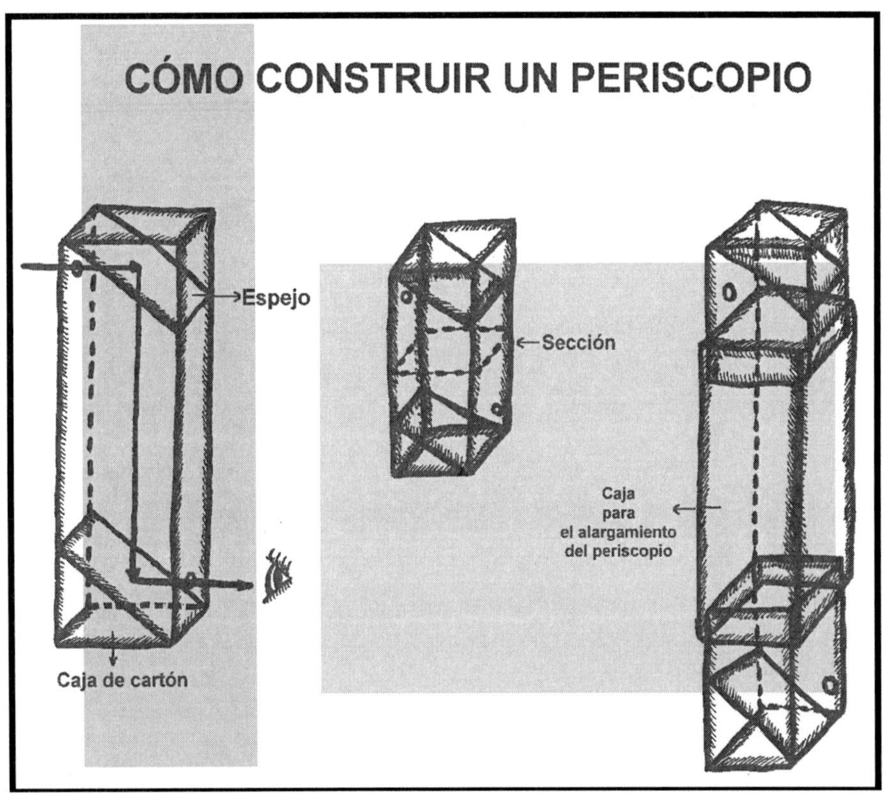

CONSTRUCCIÓN DE UN ACUASCOPIO

INTRODUCCIÓN

El acuascopio es un aparato que nos permite realizar observaciones de la fauna y flora subacuáticas *"in situ"* (charcas, ríos, lagunas, etc.).

OBJETIVO

Con esta actividad pretendemos que aprendáis a construir un acuascopio sencillo.

ACTIVIDADES INICIALES

1. ¿Qué es un acuascopio? ¿Para qué sirve?
2. ¿Cómo construiríais un acuascopio?
3. ¿Es conveniente llevar un acuascopio cuando vamos a realizar investigaciones
   de campo?¿Por qué?

MATERIAL

-Tubo de plástico con una longitud de unos 80 cm y un diámetro de unos 5 cm
  (otras medidas también son válidas).
-Disco de plástico duro y transparente, recortado según el diámetro interior
  del tubo, con el objeto de que encaje perfectamente.
-Pegamento para plástico.
-Silicona.
-Cartulina.

METODOLOGÍA

1. Coged el tubo de plástico y poned pegamento para plástico en el borde interior
   de uno de los extremos.
2. Pegad el disco de plástico duro y transparente.
3. Sellad con silicona para tapar los posibles huecos que queden entre el borde
   del tubo y el disco.
4. Dejad secar.

ACTIVIDADES COMPLEMENTARIAS

1. Construid vuestro propio acuascopio y realizad algunas observaciones
   de la fauna y flora subacuáticas de vuestra zona.
2. Haced un mural con todos los pasos necesarios para construir un acuascopio
(incluid dibujos). Mostrad el mural a vuestros compañeros/as.

CÓMO CONSTRUIR UN ACUASCOPIO

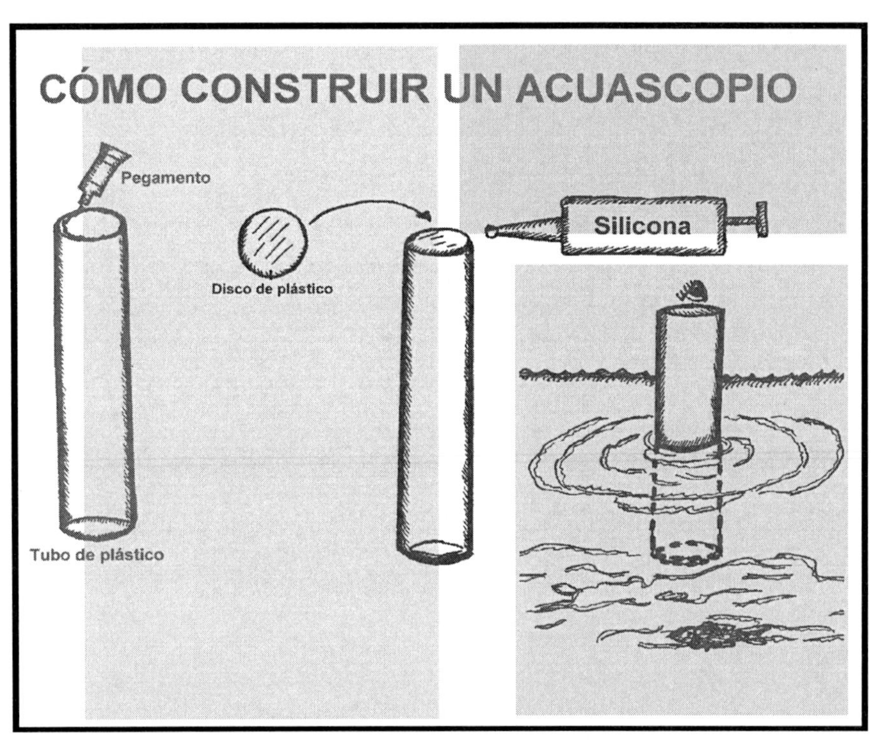

MIDE Y SEPARA

CÓMO SE MIDE LA TEMPERATURA EN EL AIRE, EN EL AGUA Y EN EL SUELO

INTRODUCCIÓN

El medio ambiente de un ser vivo es todo aquello que lo rodea y le afecta. El medio ambiente es, por tanto, el conjunto de factores bióticos (vivos) y abióticos (no vivos) que posibilitan el desarrollo de las actividades de un ser vivo. Entre los factores abióticos (humedad, temperatura, presión, luz, componentes químicos inorgánicos, etc.) nos vamos a centrar en la temperatura. Así, cuando la temperatura actúa en exceso o en defecto, es un factor limitante para determinados seres vivos, puesto que puede limitar su crecimiento e incluso su presencia en un medio determinado.

OBJETIVO

Con esta actividad pretendemos que aprendáis a realizar mediciones de la temperatura en el aire, en el agua y en el suelo.

ACTIVIDADES INICIALES

1. ¿Qué es la temperatura?
2. ¿Qué son los termómetros?¿Para qué sirven?
3. Inventad un método para medir la temperatura en el aire, en el agua
   y en el suelo.
4. Definid: Factores bióticos y abióticos.
5. ¿Qué es un factor limitante?
6. ¿Puede la temperatura limitar el crecimiento de los seres vivos?
   ¿Y limitar su presencia en un medio determinado?

MATERIAL

-Cuerda.
-Termómetro.
-Cinta métrica.
-Cuchillo.
-Cuaderno de notas.
-Cartulinas.

METODOLOGÍA

1. Medición de la temperatura en el aire.

1.1. Atad la cuerda al termómetro y dejadlo expuesto al aire durante 10 minutos.
1.2. Anotad la temperatura durante un día con intervalos de 2 horas.

2. Medición de la temperatura en el agua.

2.1. Atad la cuerda al termómetro.
2.2. Introducid el bulbo del termómetro en el agua durante 5 minutos.
2.3. Anotad esta temperatura (temperatura del agua en superficie) en vuestro cuaderno de notas.
2.4. Situad el termómetro a diferentes profundidades del agua (5 minutos para cada profundidad). Ayudaos para ello de la cinta métrica. Anotad los resultados
de cada temperatura en vuestro cuaderno de notas.
2.5. Anotad la temperatura a diferentes profundidades durante 1 día con intervalos
de 2 horas.

3. Medición de la temperatura en el suelo.

3.1. Realizad un hoyo, en el suelo, de 20 cm de profundidad.
3.2. Introducid el termómetro en el hoyo durante 5 minutos.
3.3. Anotad la temperatura obtenida en vuestro cuaderno de notas.
3.4. Anotad la temperatura durante 1 día con intervalos de 2 horas.

Una vez obtenidas todas las temperaturas durante 1 día y con intervalos de 2 horas, anotadlas en la siguiente tabla:

TEMPERATURA EN EL AIRE, EN EL AGUA Y EN EL SUELO								Lugar: Fecha:
Medición/ Hora MEDIO	1ª Medición A las 08:00 h	2ª Medición A las 10:00 h	3ª Medición A las 12:00 h	4ª Medición A las 14:00 h	5ª Medición A las 16:00 h	6ª Medición A las 18:00 h	7ª Medición A las 20:00 h	8ª Medición A las 22:00 h
AIRE								
AGUA A........cm de profundidad								
AGUA A........cm de profundidad								
AGUA A........cm de profundidad								
SUELO								

ACTIVIDADES COMPLEMENTARIAS

1. Desplazaos a alguna zona próxima a vuestra ciudad donde exista una charca, laguna, río, etc., con una cierta profundidad. Realizad medidas
    de la temperatura en el aire, agua y suelo, durante 1 día con intervalos de 2 horas. Anotad vuestras observaciones en una tabla como la de la figura.
2. Realizad un mural con la tabla de temperaturas ampliada, indicando el lugar
    y la fecha de las mediciones. Mostrad el mural a vuestros compañeros/as.
3. Haced un mural con todos los pasos necesarios para medir la temperatura
    en el aire, en el agua y en el suelo. Mostrad el mural a vuestros compañeros/as.

CÓMO SE HACE UNA CROMATOGRAFÍA

INTRODUCCIÓN

La cromatografía es la técnica que nos permite separar sustancias por la distinta velocidad con la que se mueven sobre un papel de filtro cuando están en contacto con un disolvente.

OBJETIVO

Con esta actividad pretendemos que aprendáis a realizar una cromatografía.

ACTIVIDADES INICIALES

1. ¿Qué es una cromatografía?¿Para qué sirve?
2. Inventad un método para hacer una cromatografía.
3. ¿Para qué se emplea la técnica de la cromatografía?
4. ¿En qué ciencias se emplea la cromatografía?

MATERIAL

-Papel de filtro.
-Cuchillo.
-Frasco de vidrio alto y de boca ancha.
-Tapón de corcho para el frasco.
-Alcohol.
-Tinta de diversos colores (rojo, azul, amarillo).
-Rotulador negro no permanente.
-Tijeras.
-Cartulina.
-Regla graduada.

METODOLOGÍA

1. Cortad una tira de papel de filtro tan larga como el frasco y de una anchura de 2 cm.
2. Mezclad tinta roja, azul y amarilla.
3. A 3 cm de la base del papel de filtro, y en el centro poned una gotita de la mezcla   de tintas.
4. Una vez seca la gotita, realizad una escisión en el tapón de corcho, de tal forma,   que podáis sujetar el papel de filtro.
5. Poned alcohol en el frasco hasta una altura de 2 cm.
6. Introducid la tira de papel de filtro en el frasco, de forma que su borde inferior toque la base del frasco.
7. Observad el desplazamiento de las sustancias y su separación por colores.
8. Haced lo mismo poniendo a 3 cm de la base del papel de filtro, y en el centro

del mismo, una mancha de rotulador negro no permanente y observad
la separación de las sustancias que lo componen.

ACTIVIDADES COMPLEMENTARIAS

1. Realizad una cromatografía siguiendo los pasos que se indican en la metodología.
Anotad vuestras observaciones sobre la experiencia en el cuaderno de notas. Mostrad la cromatografía obtenida a vuestros compañeros/as.
2. Haced un mural con todos los pasos necesarios para hacer una cromatografía (incluid dibujos). Mostrad el mural a vuestras compañeros/as.

ECOLOGÍA CLIMÁTICA Y SOCIAL

ENTENDIENDO Y ACTUANDO ANTE EL CAMBIO CLIMÁTICO

INTRODUCCIÓN

El cambio climático es uno de los desafíos más urgentes que enfrenta la humanidad en la actualidad. Se manifiesta a través de variaciones significativas en las temperaturas y patrones climáticos a largo plazo, atribuibles en gran medida a actividades humanas como la quema de combustibles fósiles y la deforestación. Es fundamental que los estudiantes comprendan este fenómeno para que puedan actuar de manera informada y responsable en su vida cotidiana.

OBJETIVOS

-Comprender qué es el cambio climático y diferenciarlo de la variabilidad climática natural.
-Identificar las principales causas antropogénicas del cambio climático, incluyendo las emisiones de gases de efecto invernadero y la deforestación.
-Analizar las consecuencias del cambio climático a nivel global y local, como el aumento de temperaturas, fenómenos meteorológicos extremos y pérdida de biodiversidad.
-Fomentar actitudes y hábitos sostenibles que contribuyan a la mitigación y adaptación al cambio climático.
-Promover la participación activa del alumnado en iniciativas ambientales dentro y fuera del centro educativo.

MATERIALES NECESARIOS

1. Materiales para Actividades Iniciales
Lluvia de ideas:
-Pizarra blanca o rotafolio y rotuladores para anotar las contribuciones de los estudiantes.
-Tarjetas adhesivas o notas autoadhesivas para que los alumnos escriban sus ideas y las compartan con el grupo.
Visualización de documental:
-Equipo de proyección (proyector y pantalla) o televisor de gran formato.
-Sistema de sonido adecuado al tamaño del aula.
-Copia del documental seleccionado sobre el estado actual del cambio climático.
-Guía de debate con preguntas orientativas para reflexionar sobre el contenido visualizado.
2. Recursos para el Desarrollo de la Metodología
Aprendizaje basado en proyectos (ABP):
-Acceso a bibliografía y recursos digitales sobre cambio climático.
-Computadoras o tabletas con conexión a internet para la investigación.
-Herramientas de presentación (software de presentaciones, cartulinas, marcadores) para la exposición de los proyectos.

Aprendizaje cooperativo:
-Espacios de trabajo en grupo dentro del aula.
-Materiales de papelería (papel, bolígrafos, rotuladores) para la elaboración de mapas conceptuales y esquemas.
Debates y discusiones dirigidas:
Listado de temas y preguntas para fomentar el debate.
-Normas de participación y roles asignados (moderador, portavoz, etc.) para estructurar la discusión.
3. Materiales para Actividades Complementarias
Taller de huella de carbono:
-Calculadoras de huella de carbono en línea o formularios impresos.
-Guías informativas sobre prácticas sostenibles y formas de reducir la huella personal.
Proyecto de reforestación:
-Plantones de árboles autóctonos proporcionados por viveros locales. cadenaser.com+5Portal CREA+5Academia+5
-Herramientas de jardinería (palas, guantes, regaderas).
-Coordinación con autoridades locales para la selección de áreas de plantación y permisos necesarios.AECLIM+1cadenaser.com+1
Diseño de campañas de sensibilización:
-Materiales de diseño gráfico (software de diseño, papel, impresora a color).
-Espacios dentro del centro educativo para exhibir los materiales creados (murales, vitrinas).
Visitas y charlas:
-Contacto con centros de investigación, plantas de energía renovable o expertos en cambio climático para coordinar visitas o charlas.
-Transporte y autorizaciones necesarias para las salidas educativas.
4. Recursos Educativos y Documentales
Guías y unidades didácticas:
-"Unidad Didáctica sobre Cambio Climático" de Life Adaptate, que ofrece una visión detallada del fenómeno y actividades prácticas. https://lifeadaptate.eu
-"Actividades Didácticas sobre Cambio Climático" del Gobierno de Aragón, que presenta propuestas para tratar el tema en el aula. Ministerio de Transición Ecológica
Documentales recomendados:
-"Nuestro Planeta", serie disponible en Netflix que muestra la biodiversidad del planeta y los efectos del cambio climático.
-"Antes que sea tarde", documental protagonizado por Leonardo DiCaprio que aborda las consecuencias del cambio climático y las acciones necesarias para combatirlo.

ACTIVIDADES INICIALES

-Lluvia de ideas: Se iniciará la unidad con una sesión en la que los estudiantes expresen sus conocimientos previos sobre el cambio climático, sus causas y consecuencias. Esta actividad permitirá al docente identificar el punto de partida del grupo y ajustar la planificación según sea necesario.
-Visualización de documental: Se proyectará un documental actualizado

que aborde el estado actual del cambio climático y sus impactos a nivel mundial y local. Posteriormente, se realizará un debate para reflexionar sobre lo observado. Sugerencia: **"Nuestro Planeta"**. Esta serie documental, disponible en Netflix, ofrece una visión detallada de la belleza natural de la Tierra y analiza cómo el cambio climático afecta a todos los seres vivos.

METODOLOGÍA

Para el desarrollo de las actividades estimamos conveniente tener siempre presente el documento referencial.
La unidad se desarrollará mediante una combinación de metodologías activas que fomenten la participación y el pensamiento crítico del alumnado:
-Aprendizaje basado en proyectos (ABP): Los estudiantes trabajarán en equipos para investigar aspectos específicos del cambio climático y presentarán sus hallazgos al resto de la clase.
-Aprendizaje cooperativo: Se promoverá el trabajo en grupo para resolver problemas y realizar actividades prácticas, favoreciendo la colaboración y el intercambio de ideas.
-Debates y discusiones dirigidas: Se organizarán espacios para que los estudiantes expresen sus opiniones y argumenten sobre temas relacionados con el cambio climático, desarrollando habilidades de comunicación y pensamiento crítico.

ACTIVIDADES COMPLEMENTARIAS

-Taller de huella de carbono: Los estudiantes calcularán su propia huella de carbono y analizarán formas de reducirla en su vida diaria.
-Proyecto de reforestación: En colaboración con autoridades locales, se organizará una jornada de plantación de árboles en áreas necesitadas, promoviendo la acción comunitaria y la responsabilidad ambiental.
-Diseño de campañas de sensibilización: Los alumnos crearán materiales informativos (carteles, folletos, videos) para concienciar a la comunidad educativa sobre la importancia de adoptar prácticas sostenibles.
-Visitas y charlas: Se coordinarán visitas a centros de investigación, plantas de energía renovable o se invitará a expertos en cambio climático para enriquecer el aprendizaje con experiencias reales.

Cambio Climático: Lo que Debes Saber

1. ¿Qué es el Cambio Climático?

El cambio climático se refiere a las variaciones a largo plazo en las temperaturas y los patrones climáticos de la Tierra. Aunque estos cambios pueden ocurrir de manera natural, en la actualidad se deben principalmente a la actividad humana, en especial a la quema de combustibles fósiles.

2. Causas del Cambio Climático

Las principales causas del cambio climático incluyen:

-Emisiones de Gases de Efecto Invernadero (GEI): Como el dióxido de carbono (CO_2), metano (CH_4) y óxidos de nitrógeno (NOx).

-Deforestación: Reduce la capacidad de los bosques para absorber CO_2.

-Actividades industriales y agrícolas: Generan contaminantes que afectan la atmósfera.

-Uso de combustibles fósiles: Principal fuente de energía en el mundo.

3. Consecuencias del Cambio Climático

El cambio climático tiene numerosos impactos negativos, entre ellos:

-Aumento de las temperaturas globales.

-Incremento en la frecuencia e intensidad de desastres naturales (huracanes, sequías, incendios forestales, etc.).

-Pérdida de biodiversidad y degradación de ecosistemas.

-Aumento del nivel del mar debido al derretimiento de los polos.

-Impactos en la salud humana, como olas de calor y enfermedades respiratorias.

4. Soluciones y Medidas para Combatir el Cambio Climático

Para mitigar los efectos del cambio climático, es crucial tomar medidas como:

-Reducción de emisiones: Apostar por energías renovables y eficiencia energética.

-Reforestación y conservación de bosques.

-Uso sostenible de recursos: Reducir, reutilizar y reciclar.

-Políticas gubernamentales: Implementar regulaciones que limiten las emisiones de carbono.

-Cambio de hábitos individuales: Uso del transporte público, consumo responsable y adopción de dietas sostenibles.

5. Acuerdos y Compromisos Internacionales

A lo largo de las últimas décadas, la comunidad internacional ha establecido diversos acuerdos y compromisos para abordar el cambio climático. A continuación, se destacan los más relevantes:

1. Convención Marco de las Naciones Unidas sobre el Cambio Climático (CMNUCC) - 1992

Este tratado internacional, adoptado durante la Cumbre de la Tierra en Río de Janeiro, tiene como objetivo estabilizar las concentraciones de gases de efecto invernadero en la atmósfera para prevenir interferencias peligrosas en el sistema climático. La CMNUCC estableció el marco para futuras negociaciones y acciones internacionales en materia de cambio climático. Ministerio de AmbienteUNFCCC+5Cambio Climático+5Ministerio de Ambiente+5

2. Protocolo de Kioto - 1997

Adoptado en 1997 y en vigor desde 2005, este protocolo es un acuerdo vinculante que comprometió a 37 países industrializados y la Unión Europea a reducir sus emisiones de gases de efecto invernadero en un promedio del 5,2% respecto a los niveles de 1990, durante el período 2008-2012. El Protocolo de Kioto fue el primer acuerdo que estableció objetivos jurídicamente vinculantes de reducción de emisiones. Energía y Sociedad

3. Acuerdo de París - 2015

Adoptado en la COP21 en París, este acuerdo jurídicamente vinculante tiene como objetivo principal limitar el calentamiento global a menos de 2 grados Celsius, preferiblemente a 1,5 grados, en comparación con los niveles preindustriales. El Acuerdo de París incluye compromisos de todos los países para reducir sus emisiones y colaborar en la adaptación a los impactos del cambio climático. UNFCCCNaciones Unidas

4. Protocolo de Montreal - 1987

Aunque inicialmente centrado en la protección de la capa de ozono mediante la eliminación de sustancias que la agotan, el Protocolo de Montreal ha contribuido indirectamente a la mitigación del cambio climático. Desde su entrada en vigor en 1989, ha logrado la eliminación de más del 98% de estas sustancias. https://periodistasambientales.org

5. Cumbre del Clima de Bakú - 2024

En la COP29 celebrada en Bakú, los países desarrollados acordaron proporcionar 300.000 millones de dólares en 2035 a las naciones en desarrollo para que puedan adaptarse y enfrentar los impactos del cambio climático. Este nuevo compromiso busca reemplazar el anterior objetivo de financiar 100.000 millones de dólares anuales aprobado en la Cumbre de Copenhague, que expirará en 2025.

-Objetivos de Desarrollo Sostenible (ODS) de la ONU: Incluyen metas para combatir el cambio climático.

6. Conclusión

El cambio climático es un problema urgente que requiere acción inmediata. Todos podemos contribuir a la lucha contra este fenómeno adoptando hábitos sostenibles y exigiendo a los gobiernos y empresas que implementen soluciones efectivas. La acción conjunta es clave para garantizar un futuro habitable para las próximas generaciones.

LA JUSTICIA CLIMÁTICA Y ECOSOCIAL

INTRODUCCIÓN

La COP30 se celebrará en Belém, en la Amazonia brasileña, en noviembre de 2025. Este evento es clave para la justicia climática, pero también se enfrenta a críticas sobre el extractivismo y la exclusión de comunidades locales. La actividad invita al alumnado a reflexionar sobre el impacto real de esta cumbre y su relación con la justicia ecosocial.

OBJETIVOS

-Comprender el papel de la Amazonia en la estabilidad climática global.
-Analizar las distintas posturas sobre el modelo extractivista y la justicia climática.
-Reflexionar sobre el impacto de eventos como la COP30 en las comunidades locales.
-Fomentar una conciencia crítica sobre la ecología y la justicia social.
-Conocer y profundizar el documento Sanar un mundo herido.

ACTIVIDADES INICIALES

1.Lluvia de ideas: Preguntar al alumnado qué saben sobre la COP y su función.
2.Mapa interactivo: Ubicar Belém en un mapa y discutir su importancia ecológica.
3.Lectura guiada: Fragmentos del documento "Sanar un mundo herido" y del contenido sobre la COP30.

MATERIAL NECESARIO

-Pizarra o panel digital.
-Mapa de la Amazonia.
-Fragmentos de "Sanar un mundo herido".
-Acceso a internet para investigar noticias recientes sobre la COP30.

METODOLOGÍA

Para el desarrollo de las actividades estimamos conveniente tener siempre presente el documento referencial.

1.Trabajo en equipos: Se dividirá la clase en grupos para analizar diferentes perspectivas (gobiernos, empresas, comunidades indígenas, ONGs, científicos).
2.Debate simulado: Cada grupo representará a su actor en una simulación de negociaciones climáticas.

3.Reflexión escrita: Elaborar una opinión crítica sobre si la COP30 será un avance real o un "espejismo ambientalista", así como si es posible sanar un mundo herido.

ACTIVIDADES COMPLEMENTARIAS

1.Creación de un mural: Representar visualmente los problemas y soluciones para la Amazonia.

2.Investigación sobre activismo indígena: Analizar casos de resistencia ambiental en la región.

3.Propuesta de acción local: Diseñar pequeñas acciones escolares para contribuir a la justicia climática.

4.Realizad un debate sobre los diferentes enfoques de la Ecología.

5. Reflexionad sobre La Espiritualidad y el Cambio de Paradigma. **Elaborad un mural** con vuestras reflexiones y exponedlo en los pasillos del Centro.

DOCUMENTO REFERENCIAL
PARA EL DESARROLLO DE LAS ACTIVIDADES

COP30 EN BELÉM: ¿JUSTICIA CLIMÁTICA O ESPEJISMO AMBIENTALISTA?

Introducción

En noviembre de 2025, Belém (Amazonia, Brasil) acogerá la COP30, destacando la importancia de la región en la estabilidad climática global. Sin embargo, mientras el gobierno promueve la conservación, comunidades indígenas denuncian la expansión del extractivismo y el debilitamiento de políticas ambientales. La cumbre podría ser clave para la justicia climática o una plataforma de **greenwashing**.

Amazonia en Disputa: Extractivismo y Crisis Ecológica

Pará, sede de la COP30, lidera la deforestación en Brasil, impulsada por el agronegocio, la tala ilegal y la minería de oro. La contaminación por mercurio afecta a comunidades indígenas. El papa Francisco y Leonardo Boff denuncian el modelo extractivista y la necesidad de un cambio civilizatorio que respete la Amazonia y sus pueblos.

Resistencia Indígena: Defensa del Territorio

Los pueblos indígenas, históricamente defensores de la Amazonia, enfrentan criminalización y desplazamiento. En enero de 2025, los Munduruku, Tembé y Kayapó protestaron por sus derechos. Ivone Gebara resalta que su lucha no es solo territorial, sino por una cosmovisión basada en el respeto y la reciprocidad con la naturaleza.

COP30: ¿Cumbre Inclusiva o Evento para las Élites?

Belém enfrenta problemas de infraestructura y altos costos de alojamiento, lo que podría limitar la participación de comunidades locales. El papa Francisco advierte que la crisis ecológica no puede separarse de la justicia social. Si la COP30 no escucha a los pueblos amazónicos, será otro evento de discursos vacíos.

Conclusión: Hacia una Conversión Ecológica Real
Para que la COP30 tenga impacto real, es necesario:
1.   **Incluir a los pueblos amazónicos** como actores políticos clave.
2.   **Romper con el modelo extractivista** y fomentar alternativas sostenibles.
3.   **Abordar la crisis ecológica como una crisis ética y civilizatoria.**
La COP30 debe responder al clamor de la Tierra y de sus pueblos para no convertirse en un espejismo ambientalista más.

SANAR UN MUNDO HERIDO: UN COMPROMISO ECOSOCIAL

1. Introducción
La Revista de Fomento Social destaca el documento *Sanar un mundo herido*, presentado por el Padre General Adolfo Nicolás, como un llamado a un compromiso ecosocial para un planeta más humano.
2. Diferentes Enfoques de la Ecología
Se identifican seis patrones en la aproximación a la ecología:
-**Tecnocrático**: Confía en la tecnología para corregir desajustes ambientales.
-**Cientificista**: Considera la ecología una disciplina científica sin implicaciones sociales.
-**Catastrofista**: Rechaza el desarrollo científico por su impacto en la naturaleza.
-**Sostenible**: Busca modificar la naturaleza sin sobrepasar sus límites.
-**Político**: Deja la solución en manos de las élites y multinacionales.
-**Ecosolidario**: Denuncia la desigualdad global y defiende una conciencia ética para armonizar medioambiente, desarrollo humano y derechos.
3. Reflexión Filosófica y Científica
El documento plantea que el universo es dinámico y desconocemos gran parte de su naturaleza. Resalta la responsabilidad humana en la aplicación de la ciencia y tecnología, abordando temas como la física cuántica, el principio antrópico y la complejidad del universo.
4. Impacto del Desarrollo Descontrolado
Se advierte sobre las consecuencias del desarrollo agresivo: deterioro ambiental, falta de gobernanza global y el impacto desproporcionado en los países empobrecidos.
5. Ética y Justicia Ecosocial
El documento subraya que la lucha ecológica sin justicia social es incompleta. La reconciliación con la naturaleza exige condiciones justas para todos los seres humanos.
6. La Espiritualidad y el Cambio de Paradigma
Se propone una espiritualidad integradora como motor del cambio, destacando la necesidad de compasión y transformación de valores. Se invita a las religiones a asumir un papel crítico en la protección de la naturaleza y la humanidad.
7. Compromiso Jesuita y Acción Concreta
La Compañía de Jesús refuerza su opción ecosolidaria en documentos como la Congregación General 35 (2008). La Task Force jesuita elabora recomendaciones para integrar la ecología en sus ministerios.
8. Conclusión
El documento enfatiza que todos somos responsables del deterioro ambiental y sus consecuencias, pero también actores clave en la búsqueda de soluciones desde la ética, la justicia y la espiritualidad.

BIBLIOGRAFÍA RECOMENDADA PARA EL PROFESORADO

-AEMET (2025). *Informe Clivar-Spain: Impactos del calentamiento global en España*. Agencia Estatal de Meteorología. El País

-Ausubel, D. P. y cols. (1983). *Psicología educativa. Un punto de vista cognoscitivo*. México, Trillas.

-Bartomeus, I., Mateo, L. H., Jiménez-Eguizábal, L., Molina-Morales, M., Sobral, M., Benavides, R., & Cruz-Alonso, V. (2024). Ecosistemas consolida su apuesta por un sistema de publicación abierto y justo avanzando hacia su internacionalización. *Ecosistemas, 33*(1), 2734-2734. IMIB

-Brown University (2025). *Impacto de la ralentización de la producción de la corteza oceánica en el nivel del mar*. Universidad de Brown. Recuperado de https://www.brown.edu/news/2025-03-12/sea-level-rise

-Burgos, C., Doval, A., Linares, I., Moreno D. J. y Sánchez, F. J. (Equipo Reverde). (1998). El conocimiento del medio en el proyecto SA.FA-Octaedro de Primaria. *"Aula de Encuentro"* Núm 1, pp. 58-61, Úbeda (Jaén)

-Caride, J. A. y Meira, P. A. (2001). *Educación ambiental y desarrollo humano*. Ariel. Barcelona.

-Contreras, J. (1990). *Enseñanza, currículum y profesorado*. Akal ediciones.

-Copernicus Climate Change Service (2025). *2024: El año más cálido registrado y el primer año con temperaturas globales superiores a 1,5 °C respecto a niveles preindustriales*. Recuperado de https://climate.copernicus.eu/2024-warmest-year-record

-Cruz Roja Francesa & Crédoc (2025). *Preparación ciudadana ante desastres naturales: Recomendaciones para Francia*. Recuperado de https://www.croix-rouge.fr/actualites/preparation-aux-catastrophes

-Driver, R. (1988). Un enfoque constructivista para el desarrollo del curriculum en ciencias. *Enseñanza de las Ciencias*, vol. 6, pp. 109-120.

-Driver, R. et al. (1985). *Children's Ideas in Science*. Open University Press, Milton Keynes.

-Driver, R. y Olham, V (1986). A constructivist approach to curriculum development in science. *Studies in Science Education*, vol. 13, pp. 105-122.

-Driver, R., Guesne, E. y Tiberghien, A. (1989). *Ideas científicas en la infancia y la adolescencia*. Morata/MEC, Madrid, 310 pp.

-Fernándes, A., Manzanares, M. (1996). Pupils helath idea. En Giordan, A., Girault, Y. (Editors). *The new learning models*. Z editions. Nice 6 pp.

-Ferroglio, E., Vada, R., Occhibove, F., Fracchia, M., Cicco, F. D., Palencia, P., & Zanet, S. (2024). An integrated approach to an emerging problem: implementing a whole year of camera trap survey in evaluating the impact of wildlife on tick abundance. *Transboundary and Emerging Diseases, 2024*(1), 4064855. IMIB

-García, J. y Nando, J. (2000). *Estrategias didácticas en Educación ambiental*. Aljibe. Málaga.

-García, J. y Sampedro, Y. (2006). *Un viaje por la Educación ambiental en España*. Ministerio de Medio Ambiente. Madrid.

-Gobierno de Navarra (2025). *Asamblea Ciudadana Navarra sobre el Cambio Climático: Sesiones deliberativas y propuestas*. Recuperado de https://www.navarra.es/es/noticias/2025/03/15/asamblea-ciudadana-cambio-climatico

-González , E. (1997). *Educación Ambiental. Historia y conceptos a veinte años de Tbilisi*. SITESA, México DF.

-Hernández, P., & López, R. (2025). *Evidencias de alteraciones en las corrientes oceánicas y sus implicaciones climáticas*. Universidad de California. Recuperado de https://www.universityofcalifornia.edu/news/ocean-currents-climate-impact

-Instituto de Salud Global de Barcelona (2025). *Impacto de las temperaturas extremas en la salud mental de adolescentes en España y Países Bajos*. Recuperado de https://www.isglobal.org/temperaturas-salud-mental-adolescentes

-IPBES (2025). *Informes sobre nexos y cambio transformador: Propuestas para abordar las crisis ambientales actuales*. Recuperado de https://ipbes.net/reports/nexus-transformative-change

-IPCC (2021). *Sexto Informe de Evaluación del IPCC: Cambio Climático 2021*. Grupo Intergubernamental de Expertos sobre el Cambio Climático. El País

-IPCC (2023). *Sexto Informe de Evaluación del IPCC: Cambio Climático 2023*. Grupo Intergubernamental de Expertos sobre el Cambio Climático. Recuperado de https://www.ipcc.ch/report/ar6/synthesis-report/

-Jackson, R., & Wang, S. (2025). *Materiales de construcción innovadores para el almacenamiento de carbono: Potencial y desafíos. Science*, 370(6521), 987-992. Recuperado de https://www.science.org/doi/10.1126/science.abd1234

-Leff, E. (1999). "La Pedagogía del Ambiente" En: Educación Ambiental para el Desarrollo Sustentable. *CETERA*. Buenos Aires.

-Manzanares, M. (1990). Un modelo didáctico para la enseñanza de las Ciencias. *Primeras Jornadas Nacionales de Didáctica Universitaria*. Consejo de Universidades, pp. 223-229.

-Manzanares, M. (1997). Ideas del profesorado y alumnado de Primaria y Secundaria en relación con Educación Ambiental e implicaciones didácticas. *Congreso Nacional de Educación Ambiental. 20 años después de Tbilisi*. Tomo I: 285-291.

-Menchu, R., Imbernon, F. (2002). "Cinco ciudadanías para una nueva educación". Graó. Barcelona.

-Merkel, J. (2005). "Simplicidad radical: huellas pequeñas en una tierra finita". Barcelona: Fundació Francesc Ferrer i Guáardia: Fundación Tierra: Moviment Laic i Progressista.

-Moreno, D. J., Cantudo, F., Linares, I., Sánchez, F. J., Doval, A. y Burgos, C. (1999). *Conocimiento del Medio 1*. Ediciones Mágina, S.L., Granada, 148 pp.

-Moreno, D. J., Linares, I., Sánchez, F. J., Doval, A. y Burgos, C. (1999). *Conocimiento del Medio 2*. Ediciones Mágina, S. L., Granada, 167 pp.

-Murga, M. A. y Novo, M. (2006). "Desarrollo local y Agenda 21 ". Pearson D.L. Madrid.

-Nature (2025). *GenCast: Un modelo de aprendizaje automático que supera las predicciones meteorológicas actuales.* Recuperado de https://www.nature.com/articles/gencast-weather-prediction

-Nature Communications (2025). *Proyección del primer día sin hielo en el Ártico antes de 2030 bajo escenarios de calentamiento global.* Recuperado de https://www.nature.com/articles/arctic-sea-ice-loss-2030

-Nature Medicine (2025). *Proyección del aumento de muertes relacionadas con la temperatura en Europa para finales de siglo*. Recuperado de https://www.nature.com/articles/temperature-related-mortality-europe

-Nores, C., Álvarez-Laó, D., Navarro, A., Pérez-Barbería, F. J., Castaños, P. M., Castaños de la Fuente, J., & López-Bao, J. V. (2024). Rewilding through inappropriate species introduction: the case of European bison in Spain. *Conservation Science and Practice*. IMIB+1Revistas Científicas+1

-Novak, J.D. (1982). *Teoría y práctica de la educación*. Alianza, Madrid.

-Novak, J.D. (1991). Ayudar a los alumnos a aprender cómo aprender. La opinión de un profesor-investigador. *Enseñanza de las Ciencias*. Barcelona, 9 (3), 215-228.

-Novak, J.D. y Gowin, D.B. (1984). *Aprendiendo a aprender*. Edit. Martínez Roca, Barcelona, 220 pp.

-Novo, M. (1998). *La Educación ambiental: Bases éticas, conceptuales y metodológicas*. Universitas. Madrid.

-Novo, M. (2006). "El desarrollo sostenible su dimensión ambiental y educativa". Pearson Education cop. Madrid.

-Núñez, P. G., Núñez, C. I., & Núñez, M. A. (2008). La ecología en tensión. Una indagación histórica del presente de la disciplina. *Observatorio Medioambiental, 11*, 13-24. Revistas UCM

-Organismo Autónomo Parques Nacionales (2006). Reflexiones sobre Educación ambiental II: Artículos publicados en la *Carpeta Informativa del CENEAM* 2000-2006. Ministerio de Medio Ambiente. Madrid.

-Palencia, P., & Barroso, P. (2024). Disentangling ground-nest predation rates through an artificial nests experiment in an area with western capercaillie (*Tetrao urogallus*) presence: martens are the key. *European Journal of Wildlife Research, 70*(5), 87. IMIB

-Pardo, Thierry (2002). *Héritages buissonniers*. Éléments d'ethnopédagogie pour l'éducation relative à l'environnement. La Caunette : Babio, 33-53.

-Pérez-Barbería, F. J., Brewer, M. J., & Gordon, I. J. (2024). Traditional herders' perception of job satisfaction and integration into society: another obstacle to the survival of pastoralism? *Ambio*, 1-13. IMIB

-Pineau, G. (2000). *Temporalités en formation. Vers de nouveaux synchroniseurs*. Paris :Anthropos.

-Porto, C.W. (2000). "Las múltiples y contradictorias prácticas de la educación Ambiental" En: Formación Ambiental. Órgano informativo de la Red de formación ambiental para América Latina y el Caribe. *PNUMA*. Volumen 12, Nº 26.

-Quetel, R. y C. Souchon. (1996). *Educación Ambiental: hacia una pedagogía basada en resolución de problemas*. Los libros de la catarata. Programa internacional de Educación Ambiental – UNESCO- PNUMA. Madrid.

-Rey Rocha, J., Martín, M. P., & Velasco Martín, M. (2023). La paradoja de la pérdida de biodiversidad y la aparición de nuevas formas de vida, ligadas a efectos antrópicos. *Astrágalo. Cultura de la Arquitectura y la Ciudad, 1*(32), 203–222. RJB

-Sánchez, F. J. (2001). Ideas previas, percepción y opinión de los ciudadanos sobre calidad de vida, ruido y problemática medioambiental. *Carpeta Informativa del CENEAM (Centro Nacional de Educación Ambiental)*. Valsaín, Segovia.

-Sánchez, F. J. (1997). *Actividades para Educación Ambiental*. Ediciones Octaedro. Barcelona, 142 pp.

-Sánchez, F. J. (2001). *El ruido en Baena. Propuestas didácticas para la mejora de la calidad de vida ciudadana*. Consejería de Medio Ambiente de la Junta de Andalucía. Sevilla, 382 pp.

-Sánchez, F. J. (2002). *Guía de Mamíferos Andaluces*. Ediciones Mágina. Granada.

-Sánchez, F. J. (2005). *"¿Qué celebramos hoy? Unidades didácticas sobre las celebraciones anuales (ESO y Bachillerato)"*. Grupo Anaya. Madrid. 247 pp.

-Sánchez, F. J. (2006). *Claves para la identificación de anfibios y reptiles, aves y mamíferos de Baena (Clave Dicotómica)*. Gráficas Baenenses, S. L. Baena (Córdoba), 90 pp.

-Sánchez, F. J. (2008). *Juegos y actividades de cultura ambiental y cambio climático*. Ediciones Mágina. Granada, 126 pp.

-Science Media Centre España (2025). *Evaluación del aumento de 1,5 °C en 2024 y su repercusión en los objetivos del Acuerdo de París*. Recuperado de https://sciencemediacentre.es/evaluacion-aumento-1-5c-2024

-Sequeiros, L. (1990). *Educación ambiental para profesores andaluces*. Centro de Profesores de Úbeda. Jaén, 90 pp.

-Sequeiros, L. (1997). *Educar para la solidaridad*. Octaedro. Barcelona, 174 pp.

-Sequeiros, L. (1997). *Transversalidad y Valores*. CAP 97. Universidad de Córdoba.

-Serra, M., & García, M. (2025). *Efectos del deshielo del Ártico en el clima de la Península Ibérica*. Instituto de Salud Global de Barcelona (ISGlobal). Los 40

-Shiva, V. (2003). "Cosecha robada, el secuestro del suministro mundial de alimentos". Paidós. Barcelona.

-Smith, J., & García, M. (2025). *Efectos del deshielo del Ártico en el clima de la Península Ibérica*. Instituto de Salud Global de Barcelona (ISGlobal). Recuperado de https://www.isglobal.org/en/-/artic-melting-effects

-Smith, L., & Johnson, K. (2025). *Estados Unidos abandona nuevamente el Acuerdo de París: Implicaciones y perspectivas futuras*. Universidad de Harvard. Recuperado de https://www.harvard.edu/news/us-paris-agreement-withdrawal-2025

-Soro Mateo, B. (2023). Pérdida de biodiversidad y extinción de especies a partir del modelo de los límites planetarios: su eventual recepción por el derecho. *Actualidad Jurídica Ambiental*.

-United Nations Convention to Combat Desertification (2025). *Proyección del aumento de la población en zonas áridas bajo escenarios de cambio climático*. Recuperado de https://www.unccd.int/publications/population-growth-arid-lands-2100

-Universidad de Brown (2025). *Impacto de la ralentización de la producción de la corteza oceánica en el nivel del mar*. Universidad de Brown. HuffPost

-Vada, R., Zanet, S., Occhibove, F., Fantini, E., Palencia, P., & Ferroglio, E. (2024). Relating wildlife camera trap data to tick abundance: testing the relationship in different habitats. *Animals, 14*(18), 2749. IMIB

-Valera, L. (2019). Ecología humana. Nuevos desafíos para la ecología y la filosofía. *Arbor, 195*(792), a509. Arbor

**Dedicado a Conchi, mi esposa
y a Francisco Javier
e Inmaculada, mis hijos.
Igualmente
a Leandro Sequeiros
Por su confianza y amistad.**